예수님 마음 찾기

The Seeking Heart

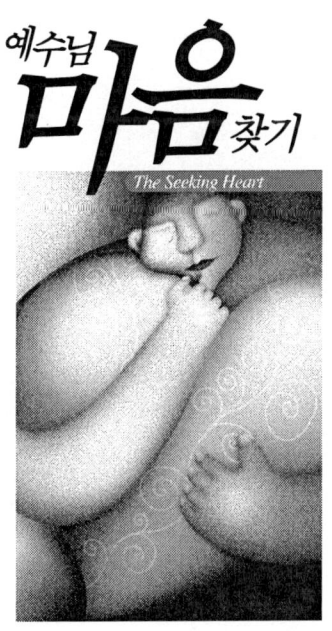

PURE NARD

The Seeking Heart

by François Fénelon

copyright by Christian Books Publishing House
MCMXCII

Published by SeedSowers
P.O. Box 3317 Jacksonville, FL 32206

Korean Translation copyright © 2005 by Pure Nard
2F 16, Eonju-ro 69-gil Gangnam-gu, Seoul, Korea

This Korean edition is Published by arrangement with
SeedSowers.
All rights reserved.

본 저작물의 한국어판 저작권은 SeedSowers와의
독점 계약으로 한국어 판권을 **'순전한 나드'**가 소유합니다.
저작권자의 허락없이 이 책의 일부 또는 전체를 무단 복제,
전재, 발췌하면 저작권법에 의해 처벌을 받습니다.

감사의 글
Acknowledgement

오늘날 진리를 탐구하는 믿음의 사람들을 위하여 영성을 다룬 고전 작품을 현대영어로 다시 쓰는 일은 엄청난 시간과 집중력과 노력과 집념을 필요로 합니다. 이러한 까닭에 이 책을 펴내는 데 Rose Marie Slosek 여사가 쏟은 크나큰 도움에 대해 충심으로 감사를 드립니다.

페늘롱의 전기
The Man - A Biography of Fénelon

프랑소와 드 살리냑 드 라 모드-페늘롱(François de Salignac de La Mothe-Fénelon)은 1651년 8월 6일 프랑스 남서쪽 뻬리고 (Perigord) 지역의 베르쥬락(Bergerac) 마을에서 몇 마일 떨어진 시골에서 태어났습니다. 역사 속에서 그는 프랑소와 드 페늘롱(François de Fénelon), 더 간단히는 페늘롱(Fénelon)이라는 이름으로 기억되고 있습니다. 그가 태어날 때 그의 아버지는 나이가 많이 들었고 자연히 페늘롱은 이 나이 많은 아버지에게 큰 낙이 되었습니다.

12살이 되기까지 그는 집에서 전형적인 가톨릭 교육을 받았습니다. 12살이 되는 해, 잠간 동안 집을 떠나 까오 대학(College of Cahors)에 진학하였습니다. 페늘롱이 까오(Cahors)에 있는 동안에 살라(Sarlat)의 주교로 있었던 그의 삼촌 앙뚜완 드 페늘롱 후작(Marquis Antoine de Fénelon)으로부터 지대한 영향을 받았습니다. 삼촌은 이 뛰어난 소년 안에 있는 예민한 감수성과 잠재력을 주목하였습니다. 이를 알게 된 삼촌은 그가 파리로 가서 학업을 계속하도록 권했습니다.

페늘롱은 파리의 쁠레시스 대학(College of Plessis)에 입학했고, 그는 곧 동급생들 사이에서 뛰어난 웅변과 화술의 재질을 가진 학생으로서 두각을 나타내었습니다.

흥미롭게도 그다음 수년동안 페늘롱은 그의 인생길에서 보쉬에(Bossuet)라는 가톨릭 성직자와 계속해서 마주치곤 하였습니다. 보쉬에와 페늘롱은 젊을 때부터 닮은 점들이 많았습니다. 보쉬에처럼 페늘롱이 처음 설교를 하게 된 것은 그의 나이 15살 때였습니다. 또한 보쉬에처럼 그는 곧 청중들이 주목 하였고 그의 뛰어난 화술과 학문으로 사람들의 마음을 사로잡았습니다. 그러나 보쉬에의 유일한 약점이었던 아첨하는 듯한 말투는 지혜로운 삼촌 덕분에 닮지 않을 수 있었습니다. 그러면 어떻게 페늘롱이 젊은 날의 치기어린 교만을 피할 수 있었을까요? 삼촌은 다시 페늘롱을 쌩-쒈뻬스(Saint-Sulpice)신학교로 옮기게 하여 쁘띠 세미나(Petie Seminair)라고 하는 분과에서 그의 학업을 시작했습니다. 페늘롱이 21살 되던 해인 1672년에 있었던 일입니다.

이 신학교에서 몇 가지 중요한 전기가 되는 일들이 페늘롱에게 일어났습니다. 이 곳에서 가장 처음 영향을 받았던 사람은 신학교의 학장이었던 트롱송(Tronson)이었습니다. 그는 페늘롱의 가장 가깝고도 친밀한 친구이자 상담자가 되었습니다.

쌩-쒈뻬스 신학교에는 독특한 점이 있었는데, 캐나다와 오래된 그리고 대단히 중요한 관계를 맺고 있었다는 것이었습니다. 쌩-쒈뻬스에서는 수많은 젊은 성직자들이(우리는 그들을 선교사라 부릅니다) 신세계의 불어권을 개종시키기 위해 떠났습니다 (당시 동부 캐나다는 불어권이었습니다). 캐나다로 가서 선교 사명에 부응하는 것이 페늘롱의 소망이 되었습니다. 하지만 삼촌의 반대에 부딪쳐 페늘롱은 사제로 임명 받을 때까지 공부에 집중하기로 하고 그의 마음을 누그러뜨렸습니다. 그는 신학교를 마친 뒤에도 쌩-쒈뻬스의 교구에 머물렀습니다.

페늘롱의 사역은 대부분 가난한 사람, 병든 사람, 죄에 깊이 빠진 사람들을 대상으로 하였습니다. 그러나 1675년이 되기까지 선교지에 나가고자 하는 그의 마음에는 변함이 없었습니다. 당시 그의 야망은 그리스로 가는 것이었습니다. 짐작하건데 삼촌의 뜻에 따라 페늘롱은 이 꿈 마저 다시 접게 되었습니다.

다음에 일어나는 일들을 이해하기 위해서는 당시 프랑스의 역사적 상황에 대해 알아볼 필요가 있습니다. 프랑스인의 90퍼센트 정도가 가톨릭이었으며 나머지 10퍼센트가 개신교도였는데, 특별히 개신교도들은 위그노 교도(Huguenots)로 불렸습니다. 루이 14세의 지원 아래 위그노 교도들에 대한 박해가 점차 심해지고 있었습니다.

1634년에 파리에서는 개신교에서 로마 가톨릭교로 개종한 위그노 여자 성도들의 공동체가 형성되었습니다. 개신교에서 가톨릭으로 개종한 사람들을 누벨 까똘릭(Nouvelles Catholiques)이라고 불렸습니다. 1678년 즈음에 페늘롱은 이 공동체의 지도자로 임명되었습니다. 그의 일은 이 여성들에게 가톨릭 신앙에 대해서 가르치는 것이었고 그는 10년 동안 이 일에 헌신하였습니다.

이 때 그는 경건한 동료들과 깊은 관계를 가지게 되는데, 그 중에 보빌리에 공작(Ducde Beauvilleiers)이라 불리는 사람은 페늘롱의 삶에 결정적인 역할을 하였습니다.

페늘롱의 전기

  보빌리에와 그의 아내에게는 여덟 명의 딸이 있었는데, 페늘롱은 이 가정의 모든 가족들에게 영적 지도자와 인도자 같은 역할을 하였습니다. 이러한 경험들을 통해 페늘롱의 첫 번째 책 「소녀들에 대한 교육 총론(A Treatise on the Education of Girls)」이 발간되었는데, 이 책은 프랑스에서뿐만 아니라 불어권의 모든 나라에서 매우 널리 알려져 있습니다.

  이어서 프랑스의 암흑시대가 시작되었습니다. 1685년 10월, 루이 14세는 개신교도들을 보호하고 그들에게 어느 정도의 종교적 자유를 보장해 주었던 이른바 낭트 칙령(Edict of Nantes:1598년)을 폐지하였습니다. 낭트 칙령을 폐지하기 몇 해 전부터 이미 루이 14세는 위그노 교도들에 대한 박해를 가해 오고 있었습니다. 낭트 칙령을 철회한 이유는 프랑스에 개신교신자들이 너무 적기 때문에 그 법이 의미가 없어졌기 때문이라는 것이었습니다(그것은 결코 사실이 아닙니다).

  박해가 본격화되자 수만 수십만의 개신교신자들이 프랑스를 떠났습니다. 역사가들은 이 일이 유럽 역사상 한 군주가 저지른 실수 중 가장 크나큰 실수라고 평가합니다. 역사 속에서도 나타나듯이, 당시 개신교신자들은 프랑스 상업사회에서 견고하고 응집력 있는 세력을 가진 집단이었습니다. 은행 업무와 회계 업무는 물론 금융계와 프랑스의 기업 거래의 대부분이 정직한 위그노교도들의 신용을 근거로 하고 있었습니다. 위그노교도들이 프랑스를 떠난다는 것은 곧 프랑스의 우수한 사람들이 사라지는 것을 의미했습니다.

프랑스의 가장 영향력 있는 종교 지도자였던 보쉬에가 프랑스에서 가장 문제가 많은 곳이며 개신교신자들의 밀집지역인 쁘와뚜(Poitou)와 쌩똔느(Saintogne)으로 페늘롱을 보내도록 추천한 것이 바로 낭트칙령을 폐지한 해인 1685년이었습니다. 폭동의 기운과 함께 박해와 혼란이 고조되고 있었습니다. 사실상 종교적인 문제에 대해 보쉬에의 제안이라면 무엇이든지 받아드렸던 루이14세는 페늘롱을 급히 이 지역으로 보냈습니다. 페늘롱은 군대와 함께 가는 것이 아니라 오직 평화와 자비의 사역을 위해서만 가겠다는 조건을 걸고 이 제안을 수락하였습니다. 이 평화와 자비의 사역 방식은 그가 파리에서 누벨 까똘릭들과 생활 하면서 그의 인품과 경험 속에 터득되어진 것이었습니다. 페늘롱이 관할하는 지역에서는 어디라도 군대를 철수하도록 하였습니다.

페늘롱은 개신교도들의 마음을 잘 이해하였습니다.

페늘롱이 쌩똔느에서 불가능한 상황들을 어떻게 헤쳐 나갔는

지를 보여 주는 다음과 같은 이야기가 있습니다. 한 독실한 가톨릭 신자가 죽어 가는 그의 개신교 "이교도" 친척을 와서 돌보아 달라고 페늘롱에게 요청했습니다. 그 집에 가는 길에 페늘롱은 두 사람(한 개신교 이단자와 가톨릭 주교)이 함께 하는 기도문을 만들었습니다.

"나의 구세주여
주님께서 아시듯이 저는 진리 안에 살고 또한 죽기를 원합니다.
제가 잘못했더라도 용서하소서."

이 지역에서 그의 체류 기간이 늘어남에 따라 위그노교도들과 가톨릭교도 모두 그의 사역 방식에 감명 받게 되었습니다. 개신교도들은 개종하지는 않았지만 그의 인품에 크게 매력을 느꼈습니다. 페늘롱은 마지못해서이기는 하지만 그들의 존경과 찬사를 받은 것으로 보여집니다. 쁘와뚜에서 페늘롱의 사역이 성공을 하자 페늘롱과 그의 사역에 대한 대중들의 관심이 집중되었습니다.

1689년 8월, 페늘롱이 38세 되던 해 그는 프랑스인에게 주어질 수 있는 최고의 영향력 있는 지위에 오르게 되었습니다. 왕이 그를 부르고뉴의 책임자로 임명한 것이었습니다. 프랑스의 역사를 잘 알지 못하는 사람들은 이 직위의 의미를 잘 이해하지 못할 것입니다. 그러나 페늘롱이 루이14세를 이어 프랑스의 왕위를 계승할 후계자를 교육하는 일을 맡게 된 것이라는 것을 안다면 그 함축된 의미를 이해 할 수 있을 것입니다. 페늘롱은 이제 프랑스 권력의 중심에 속하게 된 것입니다. 그것은 또한 그가 가장 어려운 일을 맡게 된 것인데, 그 후계자라는 소년은 정말 끔찍한 녀석이었기 때문입니다. 페늘롱이 과연 그를 잘 다룰 수 있었겠습니까?

페늘롱과 동시대의 어떤 사람이 페늘롱의 모습에 대해 다음과 같이 서술하였습니다. 다음의 글을 읽는다면, 우리는 그의 매력에 대해 조금 더 잘 이해할 수 있을 것입니다.

"이 성직자는 키가 크고 마른 체격에 큰 코와 창백하고 잘생긴 얼굴을 가졌으며 그의 눈은 불꽃처럼 빛났고 그의 재능은 마치 급류에서부터 쏟아져 나오는 폭포수 같았으며 그의 얼굴은 그 누구에게서도 보지 못했고 누구라도 한 번만 보아도 절대 잊어버릴 수 없는 특별한 인상을 가지고 있었다. 그는 모든 것을 조화시킬 수 있는 사람이었다. 가장 상반되는 것들이라 할지라도 그의 안에서 조화를 이루곤 하였다. 때로는 심각하고 때로는 유쾌하며, 침착함과 정중함을 지녔으며 학자이면서 주교이고, 또한 대 군주인 그는 이 모든 것을 한데 아우르고 있었다. 또한 누구에게나 호감을 주는 그의 성품은 섬세하고 지적이며 우아하고 겸손했으며 무엇보다도 고귀하였다."

"그와 대화하는 그 누구도 그에게서 눈을 떼지 못했다. 그는 천성적으로 사람들을 감동시키는 웅변술과 기품, 정교함과 완곡하게 빗대어 말하는 재주를 가지면서도 고상하고 적절한 예의를 갖추고 있었다. 쉽고 분명하며 기분 좋은 어조를 가지고 있으며, 어려운 주제에 대해서도 명쾌하고 분명한 방법으로 풀어낼 수 있는 능력을 가지고 있었다. 그는 자신과 대화 하고 있는 상대방보다 자신이 더 영리하다는 것을 과시하려 하지 않았고 스스로 상대방의 수준에 자신을 서서히 낮춤으로써 그들이 편안함을 느끼도록 해 주었다. 그렇게 그는 상대방을 사로잡았고 어떤 이도 이런 그를 떠나버린다거나 의심한다거나 하는 일이 없었다."

당시의 또 다른 인물은 페늘롱에 대해 이렇게 말합니다.

"… 흔히 볼 수 없었던 사람으로, 그는 새 시대를 열도록 부름 받은 사람이었다. 인간적이면서도 존경할 만하며 놀라운 재능에 의해 기록된 편지들은 쉬우면서도 찬란하며, 풍부함과 고결함, 놀라운 상상력으로 특징지어진다. 그럼에도 불구하고 상대방을 압도하려는 듯 한 인상은 전혀 없다. 뛰어난 재능뿐만 아니라 그의 사회적인 매력을 통해서도 사람들을 사로잡았다. 항상 다른 사람들의 수준에 맞추어 주었고 절대 논쟁하지 않았다. 오히려 그는 다른 사람들을 확신시키고 있는 바로 그때 그들에게 양보하였다. 그의 모든 태도는 탁월할 정도로 숭고했고 그의 놀랍고도 장엄한 단순성은 그에게 마치 예언자 같은 인상을 심어주었다. 신선하면서도 꾸밈이 없는 자기표현 방식은 사람들로 하여금 그가 영감으로 모든 것을 아는 듯 한 상상을 하게 했다. 그는 마치 학문을 습득하였다기보다는 스스로 창조한 듯 보였다. 그는 항상 처음이었고 창조적이었으며 그 누구도 모방하지 않았다.

또한 그러한 그를 누구도 흉내 낼 수 없었다."

그는 허영에 대해 죽은 사람이라고 일컬어집니다. 당시의 어떤 사람은 "나는 그가 어느 누구에게도 퉁명스럽게 말하는 것을 본적이 없다. 그리고 어떠한 경우에도 거칠거나 경멸조의 말을 하는 것을 본 적이 없다." 라고 기록합니다. 그러나 또 다른 사람은 페늘롱에 대해 다음과 같이 비판적인 말을 했습니다.

"나는 그가 모든 계층의 사람들에게 잠간 동안에 자신을 적응시키는 것을 보았다. 귀족들과 어울릴 때에는 주교의 존엄함을 잃지 않으면서도 그들의 스타일에 맞춰 주었고 또한 비천하거나 젊은 사람을 대할 때에는 자녀를 가르치는 아버지처럼 친근히 대하기도 했다. 한 사람을 대하다가 곧 또 다른 사람을 대하는 그의 민첩함 속에는 어떠한 노력이나 사랑을 찾아볼 수 없었다. 그는 선천적으로 모든 종류의 사람들과 잘 어울리는 본성을 가진 듯이 보였다."

페늘롱에게 폭력적이고 까다로운 7살짜리 아이를 교육하는 엄청난 임무가 주어졌습니다. 이 일이 얼마나 힘든 것인지 상상이나 할 수 있겠습니까? 여기에 이 작은 괴물에 대한 묘사가 있습니다.

"왕자는 누구라도 두렵게 만드는 성품을 가지고 태어났다. 그는 너무 다혈질이어서 달갑지 않은 의무를 행해야할 시간에 그것을 알리는 자명종 소리가 울리기라도 하면 그 시계를 부셔 버렸으며, 또한 자신이 즐거워하는 일이 있는데 비가 와서 방해가 되면 광분하기도 하였다. 그는 거리끼는 것에 대해서 맹렬하게 분노하였다. 나는 그의 어린 시절의 이러한 모습을 직접 목격했다. 더군다나 그의 마음과 육체에 금지된 것은 어떤 것이든지 더욱 간절히 하고자 했다. 또한 그의 무엇이든 비꼬는 능력은 아주 교묘하고, 사람의 마음을 찌르는 것이었기 때문에 훨씬 더 치명적이었다. 그는 무엇이라도 조소할 만한 것을 즉시 포착하여 서슴없이 내뱉었다. 그의 폭력적인 본성이 원하는 일이 생기면 그 일에 자신을 내 맡겼고, 교만과 오만 불손함은 극에 달하였다. 즉 사물이나 사람의 약점에 대해서 무서우리만큼 빨리 간파했고, 그의 추리력은 그 능력과 깊이에 있어서 스승들을 능가하였다. 그러나 반면에 그러한 광분이 가라앉을 때면 곧 이성이 돌아와 그를 다스렸다. 그리하여 자신의 잘못들을 인식하고는 미칠 듯이 후회하곤 했다. 그의 위기 대처 능력은 맹렬하고도 민첩했으며 통찰력과 단호함을 가지고 있었다. 말 그대로 그는 모든 방면에서 매우 탁월하였다. 참으로 놀라운 것은 페늘롱에 의해 주어진 헌신과 자비의 짧은 시간 동안 그가 어떻게 완전히 다른 사람으로 변화할 수 있었는가 하는 점이다. 그의 안에 있었던 끔찍한 악이 선으로 변화된 것이다."

그리고 여기에 장차 페늘롱을 제외한 모두에게 폭군이 된 젊은이에 관해 또 다른 이야기가 있습니다.

"그는 참으로 완고했고, 지나친 미식가이며 사냥과 음악, 위험한 게임들을 광적으로 즐겼다. 그는 지는 것을 절대 참지 못했고, 그의 성품은 잔인했다. 그리고 다른 부류의 사람들을 경멸하였고 그와는 전혀 상관없는 열등한 종족으로 여겼다. 하물며 같은 왕실에서 함께 자란 형제들조차도 단순히 자신과 평범한 부류의 인간들 사이에 위치한 단순한 한 종류의 사람들로 여겼다."

페늘롱은 그의 임무에 착수했습니다. 그는 이 아이에게 문학을 가르치도록 되어 있었습니다. 그러나 그가 가장 심혈을 기울인 부분은 이 소년의 불같은 성미였습니다. 그의 확고한 태도와 더불어 인내와 부드러움으로 이 왕이 될 거친 소년의 광기와 같은 분노를 진정시키기 시작했습니다.

이 소년의 분노가 발동할 때, 왕실에 있는 모든 사람들에게 침묵을 지키도록 지시하였습니다. 가능하다면 그 어느 누구도 그에게 말을 걸지 못하도록 했습니다. 그는 미친 사람에게나 베풀법한 수치감을 주는 동정심을 받아야 했습니다. 그가 광분할 때면 그의 책들이나 혹은 그의 생활에서 조금이라도 유익한 모든 것들을 마치 쓸모없는 것처럼 치워놓도록 했습니다.

이 어린 소년에게 이 방법이 조금씩 효과를 발휘하기 시작했습니다. 참회의 심정으로 가득 차서 그는 절대 포기하지 않는 인내를 가지고 자신을 대하는 그의 스승에게 완전한 애정과 신뢰(유치한 뉘우침의 감정과 범벅이 되기는 했지만)를 나타내었습니다. 보이지 않는 어떠한 유대감이 그들 사이에 자라났습니다. 곧 그 소년은 페늘롱에게 설복 당하였고, 그가 죽는 그 순간까지도 그를 숭배하다시피 하였습니다. 그는 심지어 그의 못된 성품을 뜯어 고치기 위해 안간힘을 쓰는 사람들에게 협조하는 법을 배울 정도로 성숙했습니다.

이후 3년 간 루이14세의 왕가에 머물면서 그는 「죽음의 대화」(Dialogue of Death), 「뗄레마끄」(Telemaque) 2권의 저서를 더 집필하였습니다. 「뗄레마끄」는 프랑스 문학 중에 영국의 세익스피어의 가장 뛰어난 작품들과 내등한 수준의 작품으로 평가됩니다. 이 책의 내용으로 인해 페늘롱은 최초의 현대적인 문학가로 불리기도 했습니다. 같은 시기에, 유년 이후 그에게 가장 큰 영향을 미치는 사건이 발생하였습니다. 왕실에 있는 동안에 페늘롱은 잔느 귀용(Jeanne Guyon)을 만났습니다. 그녀는 페늘롱이 예수 그리스도와 더 깊은 교제 속으로 들어가도록 인도했습니다. 그의 능력과 영향력에 있어서 불후의 명망을 가진 사람이 자신을 낮추고 보잘 것 없는 여자의 가르침을 받아들인 것입니다.

그러나 세속적인 역사가들이 이 관점에 동의하리라고는 생각하지 마십시오. 세속적인 역사가들은 귀용이 페늘롱으로 하여금 '대 추기경' 곧, 프랑스 역사상 가장 위대한 사람들과 견줄만한 자리를 거부하게 만들어서 페늘롱의 생애에 오점을 남긴 것에 대해 결코 용서하지 못했습니다.

이제 사건들은 빠르게 전개되기 시작했습니다. 페늘롱은 왕의 손자를 가르치고 있었고 이제 세상의 명예와 프랑스의 찬사를 한 몸에 받게 되었습니다. 1693년 그는 프랑스 아카데미의 위원으로 임명되었습니다. 다음 해, 루이14세는 그의 손자를 교육한 것에 대한 감사의 표시로 페늘롱을 쌩 발레리(Saint Valery)의 수도원장에 임명했습니다. 다시 1년 후 1695년, 교황은 페늘롱을 프랑스 꼼브해(Combrai)지방의 대주교(그 당시 상당히 전망 있는 직책)로 승격시켰습니다. 대주교는 추기경의 바로 윗자리이면서 교황의 바로 아래쯤 해당하는 자리입니다.

그 같은 몇 년 동안, 보쉬에는 잔느 귀용의 적이 되기에 이르렀습니다. 이제 프랑스는 종교적으로 가장 큰 권력을 가진 두 사람의 충돌을 피할 수 없게 되었습니다. 페늘롱은 귀용의 친구였고 보쉬에는 그녀의 공공연한 적이었습니다.

페늘롱은 그녀의 삶이나 그녀의 가르침에서 어떠한 잘못도 발견하지 못했습니다. 그는 막강한 권력을 가진 보쉬에를 거스르는 일이 얼마나 위험한 지 알고 있었음에도 불구하고, 그는 그녀의 보호자로 자청하였습니다.

그 무렵에, 두 사람 모두 상대방이 책을 쓰고 있다는 사실을 모른 채 동시에 각 각 자신의 저서를 집필하고 있었습니다. 페늘롱의 책에 대해 전혀 모르고 있었던 보쉬에는 페늘롱에게 그의 책에 추천서를 써 줄 것을 요청했습니다. 보쉬에의 책은 잔느 귀용의 가르침을 비난하는 내용이 담긴 책이었고, 페늘롱은 그의 요청을 거절했습니다. 보쉬에는 이에 격분했고 그는 곧 잔느 귀용의 가르침 뿐 아니라 페늘롱의 책인「성인들의 금언집 (Maxims of the Saints)」에 대해서도 악한 것으로 힐난하기 시작했습니다. 보쉬에는 그의 친구 페늘롱에게 칼을 뽑아 들어 그를 완전히 파멸시키기로 결심했습니다. 그렇게 교회 역사상 영원히 기록될 대립이 시작되었습니다.

보쉬에는 페늘롱을 참 신앙에 대치되는 교리를 신봉하는 사람으로 고발하는 내용의 책을 출판하였고 페늘롱이 이에 대해 변론할 것을 요구했습니다. 이에 페늘롱은 자신을 변호하는 짧은 글을 썼습니다. 보쉬에는 이에 다시 페늘롱의 가르침과 그의 변론에 대해 비난하는 글을 썼습니다. 각자가 서로의 책에 대해 비평하고 또 다시 그 평가에 대해 서로 변론의 말을 주고 받으며 어느새 그것이 여러 권의 책이 되었습니다. 파리(당시 파리는 프랑스에서뿐만 아니라 유럽에서도 매우 중요한 도시였습니다)는 두 사람의 설전에 관심을 집중했습니다. 위대한 두 사람에 의해 쓰여진 일련의 책들은 그대로 전 유럽대륙의 이야깃거리였습니다. 이 소책자들은 여전히 문학적인 걸작으로 여겨지고 있습니다. 이 엄청난 대결이 프랑스의 역사에서 차지하는 의미를 가장 잘 설명할 수 있는 길은 아마도 미국에서 일어났던 링컨(Lincoln)과 더글라스(Douglas)의 대립과 비교해 보는 방법뿐일 것입니다. (만일 당신이 영국인이라면 세익스피어(Shakespeare)와 존 록(John Locke) 사이에 있었던 저술상의 대결을 상상해 보십시오)

오늘날까지도 프랑스의 학생들은 프랑스 역사 과목과 프랑스 문학 과목에서 이 두 거장의 충돌을 공부하고 있습니다.

보쉬에의 편을 들었던 루이14세는 페늘롱이 더 이상 파리에 거주하지 못하도록 명령을 내렸습니다. 그리고 그의 손자를 가르치는 일도 더 이상 하지 못하도록 했습니다. 논쟁이 들끓기 시작했습니다.

보쉬에는 페늘롱이 조사를 받도록 요구했습니다. 이제는 모든 문제들이 교황의 손에 넘어 갔습니다. 그는 바로 그 전에 미카엘 몰리노스(Michael Molinos)의 논쟁에서 몰리노스의 혐의를 벗겨 주었던 바로 그 교황이었습니다.

교황은 바티칸 공의회가 이 사건을 맡도록 하였습니다. 공의회가 이 문제를 해결하는데 몇 년이 걸렸습니다. 보쉬에는 그의 모든 영향력을 동원하여 가능한 한 최악의 판결을 받도록 요구했고 페늘롱이 완전히 역사의 뒤안길로 사라지게 하기 위해 사력을 다하였습니다. 그러나 공의회의 최종판결은 페늘롱에게 경미한 정도의 처벌을 주었을 뿐이었습니다. 보쉬에는 크게 분노했습니다. 페늘롱의 책「성인들의 금언집(The Maxims of the Saints)」에 대해서도 약간의 세새만 가해졌습니다. 이 문제에 관한 최종 판결문 역시 온건한 유죄 판결을 고려하는 것뿐이었습니다. 교황 역시 페늘롱에 대해 그의 큰 관용과 존경심을 보여 주었습니다. 그럼에도 불구하고 페늘롱의 책들은 금지되었고, 이 판결과 함께 페늘롱은 곧 그가 했던 모든 말들을 철회하기에 이르렀습니다(이것은 로마 가톨릭에서 단순히 자신의 가르침을 단념하는 정도를 의미합니다). 그는 사실 자신의 확고한 믿음과는 상관없이 이 일을 하였는데, 그것은 어떠한 경우에서라도 그가 교황과 또한 교회에 대하여 순종해야만 했기 때문이었습니다.

대주교로서의 직함은 그대로였지만 그는 그의 한 교구로 추방되었습니다.

그 사이 보쉬에와 루이14세는 죄목도 없이 재판도 하지 않고 귀용을 감옥에 넣었습니다. 루이14세의 왕가뿐만 아니라 프랑스에서 종교적 삶에 대한 잔느 귀용의 영향력은 종말을 고하게 되었습니다. 그럼에도 불구하고 그녀가 말한 것들, 그녀가 상징하는 것들, 그리고 그녀의 삶으로 증거 했던 것들은 역사 속에서 시간이 거듭될수록 부활되고 재생되어 왔습니다. 좋든 싫든 귀용은 역사 속에서 절대로 조용히 사라진 것이 아닙니다.

한편 추방된 페늘롱은 그의 교구에서 자신의 의무를 다하는 것에 남은 삶을 헌신하였습니다. 당신이 이 책에서 읽게 될 대부분의 편지 글들은 이시기에 쓰여진 것입니다.

불행히도 그의 많은 가르침들 중 우리에게 남겨진 것은 매우 적은 부분에 불과합니다. 그가 쓴 글 중 우리에게 가장 알려진 것이 〈Maxims of the Saints〉, 〈Telemaque〉, 그리고 몇몇 편지들입니다(자녀 교육에 관한 그의 글들은 대부분 소실되었으나 그가 말하는 개념들은 오늘날까지도 서양의 문화에 녹아들어 있습니다).

그의 편지들은 일반적으로 불어로 된 편지 형식의 글들 중 가장 완벽한 것으로 평가되고 있습니다. 많은 성도들이 그의 사려 깊은 편지 속에서 위안과 도움을 얻어왔습니다. 그 편지들은 진실로 영적인 것들이며 그리스도와 깊이 있는 동행에 대해 다루는 것들 중 최고의 기독교 서신입니다.

20세기까지는 알려지지 않았으나 잔느 귀용이 풀려 난 몇 년 후까지도 두 사람 사이에 비밀스런 서신 교환이 있었습니다. 이 시대의 세 명의 위대한 인물들(신앙의 깊은 측면을 다루었던), 몰리노스, 귀용, 페늘롱 모두가 생의 마지막까지도 그들의 신념을 철회하지 않았던 것은 흥미로운 일입니다.

1712년 왕의 손자의 죽음은 페늘롱과 귀용에게 큰 낙담을 안겨 주었을지도 모릅니다. 그들은 이 젊은이가 루이14세의 뒤를 이어 왕이 된 후, 프랑스에 예수 그리스도에 대해 진정으로 증거할 수 있을 것이라고 기대했었습니다. 그리고 아마도 그가 가톨릭 교회의 개혁에 중요한 역할을 감당할 것이라고 꿈꿨는지도 모르겠습니다. 실제로 이 젊은 왕자의 죽음은 프랑스 전체의 희망들이 좌절된 슬픔의 순간이었습니다.

2년 후 페늘롱은 또다시 사랑하는 사람을 잃는 슬픔을 겪어야만 했습니다. 그의 친구인 보빌리에(Beauvilleiers)가 1714년에 죽음을 맞았습니다. 페늘롱은 깊은 슬픔에 잠겼습니다. 자신이 불과 4개월 후 건강의 악화로 운명을 달리하게 될 것을 깨닫지 못한 채로 있었습니다.

1714년 11월, 다리를 건너던 중 마차를 끌던 말이 놀라는 바람에 마차가 전복되어 페늘롱은 큰 부상을 당하게 되었습니다.

1715년 1월 1일, 그의 체온이 급격히 떨어졌고, 1월 7일 새벽 5시15분, 63세의 나이로 세상을 뜨고 말았습니다.

  2년 뒤, 페늘롱보다 2살 많았던 잔느 귀용도 그녀의 운명을 달리하게 되었습니다. 프랑스 역사의 위대한 한 시대가 끝나고 말았습니다. 그리스도인의 헌신과 체험적인 신앙에 있어 높은 수준을 보여주었던 한 본보기가 사라졌습니다. 그러나 그들의 영향력은 마치 죽음 가운데서 일어나는 것처럼 시대마다 다시 살아나서 우리를 놀라게 합니다. 아마도 우리는 지금 그러한 때를 살고 있는 것 같습니다.

Part I

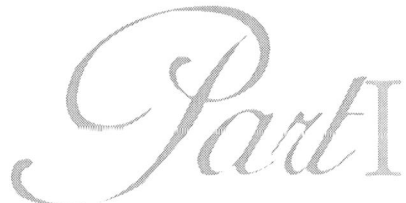

십자가의 길

The Way of the Cross

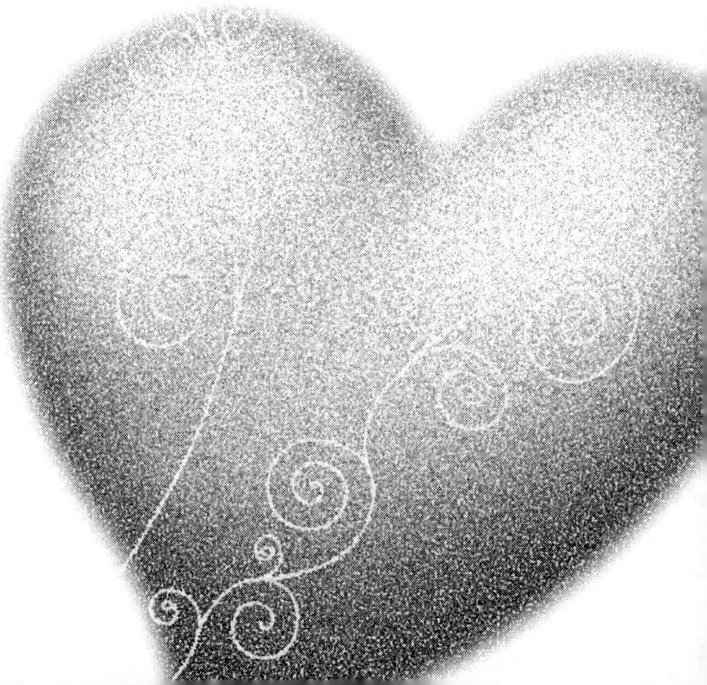

Embracing the Cross

십자가를 끌어안기

당신은 자기사랑에서 자라난 불필요하고도 끊임없는 생각들로부터 자신을 분리해 내는 것을 배울 필요가 있습니다. 당신 자신의 생각들을 물리칠 때 당신은 비로소 곧고 좁은 길 가운데 온전히 설 수 있을 것입니다. 그 때 당신은 하나님의 자녀로서 누리는 자유와 평안을 경험하게 되는 것입니다.

저는 다른 사람들에게 하는 충고를 저 역시 따르기 위해 노력하고 있습니다. 저는 이 같은 방법만이 평안을 구하는 유일한 길임을 알고 있습니다. 때때로, 당신이 고통을 당하는 것은 자기 본성이 살아 있는 것이 원인이 되기 때문입니다. 죽는다면 당신은 고통을 느끼지 않을 것입니다. 옛 본성에 대해서 당신이 완전히 죽었다면 지금 당신을 괴롭히는 고통들 중 많은 부분을 더 이상 고통으로 느끼지 않게 될 것입니다.

육신의 아픔과 고통을 인내로 견디십시오. 마찬가지로 당신이 제어할 수 없는 영적인 고통 가운데에서도 그렇게 하십시오. 분주함에 쫓겨 잠잠히 하나님 앞에 머무는 시간을 가지지 못함으로써 당신 삶의 십자가의 무게를 가중시키지 마십시오. 하나님께서 당신의 삶 속에 허락하시는 일들에 대해 저항하지 마십시오. 그것이 필요한 것이라면 그 고통을 감내하며 기뻐 받으십시오. 과도한 노력이나 고집을 부리는 것은 오히려 당신의 근심을 가중시킬 뿐입니다.

하나님은 당신을 위해 십자가를 준비하셨습니다. 그러므로 당신은 자신을 스스로 보호하려는 생각을 버리고 그 십자가를 끌어안아야 합니다. 십자가는 고통스럽습니다. 하지만 그 십자가를 받아들이십시오. 그러면 혼란과 고통의 한 가운데에서도 평안을 찾게 될 것입니다. 삶에 주어진 십자가를 거부하고 밀어낸다면 삶의 고통이 배가된다는 것을 명심하십시오. 긴 안목으로 볼 때 십자가에 저항함으로 겪게 되는 고통은 십자가 그 자체보다도 더 견디기 어려운 것입니다.

당신의 삶의 모든 상황에서 일하시는 하나님의 손길을 보십시오. 진정한 행복을 경험하기 원하십니까? 온화하고 단순하게 하나님의 뜻에 자신을 순복시키십시오. 그리고 분투하지 말고 당신의 고통을 짊어지십시오. 당신의 고통을 감소시키고 덜어내지 마십시오. 주님께 아무 저항도 하지 않는 영혼보다 더 좋은 것은 없습니다.

이 말이 당신에게 생소하게 들릴수록, 그것은 당신이 아직도 하나님과 실랑이를 벌이고 있다는 뜻입니다. 고통의 문제에 있어 가장 중요한 것은 그 고통이 얼마나 대단할까 혹은 얼마나 지속될까를 아는 것이 아닙니다. 당신은 틀림없이 당신의 고통에 대해 스스로 한계를 지어버리고 싶은 유혹에 빠질 것입니다. 의심할 것 없이 당신은 고통의 정도를 스스로 조절하려 할 것입니다.

당신이 삶 속에서 붙들고 있는 완고한 것들과 숨겨진 것들을 보십니까? 이런 자기 통제의 삶에 가장 먼저 십자가가 필요합니다. 십자가의 능력이 당신 안에서 온전히 성취 될 때까지 십자가의 사역을 거부하지 마십시오. 만약 그렇게 한다면 불행히도 당신은 계속해서 삶의 같은 단계에서 공회전을 반복하게 될 것입니다. 설상가상으로 당신은 크게 고통 받을 것이며 그 고통은 목적 없는 고통이 되고 말 것입니다.

주님께서 당신을 십자가가 전혀 일할 수 없는 내적 상태로부터 건져주시기를! 하나님은 기쁘게 드리는 자를 사랑하십니다(고후 9:7). 자신을 기쁨으로 온전히 하나님의 뜻에 내어드리는 — 결국 그들이 십자가에 못 박히게 될지라도 — 그러한 사람을 하나님이 얼마나 사랑하실 지 상상해 보십시오.

Surrender to his plans

하나님의 계획에 항복하십시오

당신이 겪고 있는 어려움에 대해 저도 매우 안타깝게 생각하고 있습니다. 그러나 저는 하나님이 당신을 위하여 일하고 계신 것을 봅니다. 기억하십시오. 하나님은 당신을 사랑하시기 때문에, 당신에게 고통을 면제해 주지 않으십니다. 그분은 당신의 삶에 예수 그리스도의 십자가를 부과해 주십니다. 당신이 어떠한 계시를 받든, 혹은 어떠한 감정적인 경험을 하던 그것들이 자기본성의 실제적이고도 지속적인 죽음으로 인도하지 않는다면 그 모든 것이 무가치합니다. 불행히도 당신은 고통 없이는 죽을 수 없고, 또한 옛 자아가 조금이라도 살아 있다면 참으로 죽은 것이라고도 할 수 없습니다.

하나님이 당신에게 허락하시는 죽음은 당신의 내면 깊은 곳을 꿰뚫을 것입니다. 혼과 영이 분리될 것입니다. 하나님은 당신이 스스로 보지 못하는 내면을 통찰하십니다. 그분은 우리의 어느 부분에 치명적인 타격을 날릴지 정확하게 아십니다. 그리고 당신이 가장 포기하기를 꺼려하는 바로 그곳에 타격을 가하십니다. 고통은 내가 아직 살아 있을 때에 느껴지는 것입니다. 바로 정확하게 이러한 삶에 죽음이 필요합니다.

하나님 아버지께서는 당신이 이미 죽은 부분에 대해서는 시간을 낭비하지 않으십니다. 만약 당신을 있는 그대로 두는 것이 좋다면 그분은 반드시 그렇게 하실 것입니다. 그러나 그는 당신의 옛 본성의 완전한 죽음을 추구하십니다. 하나님은 여전히 살아 꿈틀대는 부분을 제거하심으로써만 이 목적을 이루실 수 있습니다. 당신이 처음, 그 분께 당신 자신을 드릴 때 영원히 포기하기로 결단하였던 것들, 즉 눈에 분명히 보이는 악한 욕망만이 그분의 공격 대상이라고 생각하지 마십시오. 오히려 하나님은 당신이 느끼는 놀라운 자유에 대한 감각, 혹은 당신에게 영적인 위안을 주는 모든 것들을 거두시는 방법으로 당신을 시험하실 수도 있습니다.

저항하시겠습니까? 안됩니다! 모든 것을 허락해 드리십시오! 자아가 죽는 그 일에 오히려 자원하십시오. 왜냐하면 하나님은 당신이 그 분께 허락해 드리는 만큼만 일하시기 때문입니다. 하나님이 당신의 삶에서 이루기 원하시는 성장의 기회를 거부하지 마십시오.

하나님을 기쁘시게 해드리기를 위해 당신이 의지하고 있는 모든 것들을 기꺼이 포기하십시오. 하나님께서 그것들을 취하실 때마다 영적인 것들도 마찬가지로 포기하십시오. 무엇을 두려워하십니까? 믿음이 적은 당신이여 무엇을 두려워하십니까? 하나님께서 당신의 것들을 취하여 가셨을 때 당신에게 감당할 수 있는 힘을 주시지 않을 것 같아 두려워하십니까? 하나님이 무엇 때문에 그 모든 것들을 거두어 가실까요? 하나님은 오직 그분 자신만이 당신의 공급이 되기를 원하시기 때문입니다. 그러한 과정은 고통스러울 것입니다. 하지만 하나님은 당신을 정결하게 하기 원하십니다. 저는 당신의 삶에 있는 모든 자연적인 도움의 수단들이 닫히고 있음을 봅니다. 하나님은 당신의 삶에 있는 모든 인간적인 수단들을 제거하심으로써 당신 안에 그의 일을 성취하려 하십니다. 그분은 질투하는 하나님이십니다. 하나님께서는 당신 안에 행하려 하시는 일들이 오직 하나님 자신에 의해서만 성취될 수 있다는 것을 당신이 깨닫기를 원하십니다.

하나님의 계획에 항복하십시오. 하나님이 원하시는 곳으로 인도하시도록 자신을 맡겨드리십시오. 당신이 사람들에게 도움을 구하는 그 때 하나님께서 그것을 원하지 않으실 수 있다는 사실에 유의 하십시오. 하나님께서 그들이 당신에게 주시도록 허락하신 만큼만 당신에게 줄 수 있음을 기억하십시오. 당신이 세상의 물을 더 이상 마시지 못한다는 사실이 왜 괴로운 일입니까? 당신은 이제 영원히 마르지 않는 샘에서 마시도록 초청 받고 있습니다.

The benefit of trials

시험이 주는이익

당신은 지금 견디기 어려운 시험 기운데 있습니다. 그러나 하나님께서 허락하신 일이기에 당신에게 꼭 필요한 시험입니다. 하나님만이 어떤 시험이 당신에게 적합한지 아십니다. 그러므로 당신은 하나님께서 십자가를 통해 주시는 시험을 선택할 수 없습니다. 스스로 선택한 십자가는 자기 의지를 깨뜨리기는커녕 오히려 그것을 자극할 뿐입니다.

삶의 모든 것이 시험처럼 느껴지는 때가 있습니다. 때로는 고통만이 삶에 가득한 것처럼 보입니다. 그러나 삶의 가장 무거운 십자가는 평안 가운데 지고 가야 합니다. 때로는 십자가를 지고 가거나 지탱할 수도 없는 순간이 있습니다. 십자가 아래에 쓰러져 그 무게에 압도당한 채 기진맥진하고 맙니다. 저는 하나님께서 가능한 한 당신을 고통으로부터 보호해 주시기를 기도하고 있습니다.

하나님은 당신의 고통을 모르지 않으신다는 것을 기억하

십시오. 하나님이 당신에게 고통을 허락하신 것입니다. 당신에게 무엇이 최선인지는 하나님만이 아십니다. 그 시험을 받아들이고 믿음으로 살아가십시오. 하나님이 무엇을 하시는지 전혀 보이지 않을 때에도 확신을 가지고 그분을 신뢰하십시오. 그분은 크신 긍휼로 당신에게 시험을 주는 것만큼 도움도 허락하십니다. 믿음의 삶만이 우리가 당하는 모든 죽음을 가장 잘 통과하는 삶이라는 것에는 의심의 여지가 없습니다.

당신은 내면의 어두움과 영혼의 빈곤으로 인해 울부짖고 있습니다. 예수님은 "심령이 가난한 자는 복이 있다"고 말씀하셨습니다. 당신의 연약함을 깨닫는 것은 좋은 일이지만 그 연약함을 핑계삼지는 마십시오. 하나님 앞에 단순함과 겸손함으로 엎드리십시오. 그러면 그분은 어려움 가운데 있는 당신에게 평안과 온유, 인내와 만족을 주실 것입니다.

The Cross-A bond of love

십자가 "사랑의 끈"

당신의 어려움에 무척 마음이 아픕니다. 하지만 이러한 상황에도 주님과 함께 십자가를 지고 가야 한다는 사실을 깨달을 거라고 믿습니다. 또 그 고통에서 벗어나게 될 때가 곧 올 것입니다. 당신은 하나님과 함께 다스리게 될 것이고, 그분이 직접 당신의 눈물을 닦아 주실 것입니다. 그분의 임재 안에서 고통과 한숨은 영원히 사라지게 될 것입니다.

그러므로 어려운 시험의 때에도 십자가를 끌어안을 기회를 놓치지 마십시오. 겸손과 평안 가운데 고통을 수용하는 법을 배우십시오. 당신의 내면에 있는 자기 사랑은 십자가를 더 무겁게 만듭니다. 단순함과 충만한 사랑의 마음으로 고통을 견디는 법을 배우십시오. 그렇게 하면 십자가를 지더라도 기뻐할 수 있을 뿐만 아니라, 나아가 십자가로 인해 기뻐하게 될 것입니다.

사랑은 더 깊은 사랑을 위해 고통 받는 것도 기뻐합니다.

당신을 끊임없이 그분의 형상으로 빚어 가는 십자가는 당신과 하나님 사이에서 위로하는 사랑의 끈입니다.

Trust your self-love to God

자기 사랑을 하나님께 올려드리십시오

하나님은 십자가를 중심으로 당신을 그분의 친구로 대하고 계십니다. 하나님의 방법은 당신이 생각하는 그 어떤 것보다 빨리 그분의 목적을 이루십니다. 하나님은 자기 사랑의 뿌리를 발견하시고 그것을 파괴하십니다. 그러나 우리 스스로는 그렇게 감추어진 자기 사랑의 뿌리를 절대 찾아낼 수 없습니다. 하나님은 당신의 중심에 있는 자기 사랑의 모든 길들을 통찰하십니다. 당신 안에서 자기 사랑이 가장 강하게 자리잡은 지점을 치시도록 그분께 내어 드리십시오.

하나님께 당신 자신을 온전히 맡겨 드릴 수 있게 힘과 믿음을 달라고 기도하십시오. 그분이 어디로 이끄시든지 그냥 그 길을 따르십시오. 온전함에 이르기 위해 큰 계획을 생각해 놓을 필요는 없습니다. 당신의 새로운 생명은 자연스럽게 성장하기 시작할 것입니다.

당신은 하나님을 신뢰하기보다는 당장 앞에 펼쳐진 길을

보고 싶어 합니다. 만일 계속 그러한 태도를 지닌다면, 그 길은 더욱 길어질 것이고 영적 성장도 느려질 것입니다. 가능한 온전히 하나님께 자신을 드리십시오. 마지막 숨을 거두는 순간까지 그렇게 하십시오. 하나님은 당신을 절대 떠나지 않으십니다.

The path of Christ

그리스도의 길

하나님께서는 결국 삶의 모든 영역에서 당신을 시험하십니다. 그러나 당신이 견디지 못할 만큼의 시험을 당하도록 허락하지 않으십니다. 당신의 성장을 위해 하나님께서 시험을 사용하시도록 허락해 드리십시오. 당신이 얼마나 성숙했는지, 자신의 능력이 어느 정도인지, 혹은 하나님이 무엇을 하고 계신지 측량하려고 하지 마십시오. 그분이 하시는 일이 눈에 보이지 않기 때문에 덜 효과적이라고 할 수는 없습니다. 하나님께서는 은밀한 중에 일하십니다. 그분이 눈에 보이게 손을 뻗어 당신을 구해내신다면 당신의 자아는 죽지 않을 것이기 때문입니다. 하나님께서는 빛과 생명 그리고 은혜 가운데 당신을 변화시키지 않으십니다. 하나님께서 주시는 변화는 어둠과 가난, 죽음 가운데 있는 십자가에서 이루어집니다.

당신은 기독교의 진리에 관해 어떤 정당한 질문을 가지고 있습니까? 당신은 지금 자신 이외에 다른 사람에게 복종해야 한다는 것에 대해 꺼려하고 있습니다. 또한 그리스도의 형상으로 변화되는 좁고 험난한 길을 걸어야 한다는 것을 두려워하고 있습니다. 당신은 지금 그리스도를 온전히 따르기 위해 치러야 할 희생을 명확하게 보면서 잔뜩 움츠러들어 있습니다.

그리스도는 "누구든지 나를 따르려거든 스스로 즐기며, 멋진 옷을 차려 입고, 기쁨으로 충만할 것이다"라고 하지 않으셨습니다. 또 "너희는 완전할 것이고, 모든 것이 형통할 것이니 기뻐하라"라고 말씀하신 적은 더욱 없으십니다. 오히려 예수께서는 "누구든지 나를 따르려거든 자기를 부인하고 자기 십자가를 지고 나를 따르라"라고 하셨습니다. 그분의 길은 죽음이 사방을 에워싸고 있는 가파른 산기슭의 꼬불꼬불 구부러진 길입니다(마 16:24).

당신은 아직도 그리스도를 따르는 것의 즐거운 측면을 보지 못하고 있습니다. 당신은 하나님이 베푸시는 것은 보지 못하고 그분이 거두어 가시는 것에만 집중하고 있습니다. 당신은 희생을 너무 크게 보고 있으며 축복에 대해서는 간과하고 있습니다. 바울은 우리가 덧입혀지기를 원하지만, 그리스도로 덧입혀지기 전에 먼저 자아가 벗겨져야 한다고 말합니다. 당신을 덮고 있는 모든 자기 사랑의 옷을 그분께서 벗기

시도록 허락해 드리십시오. 그럴 때 어린양의 피로 씻긴 거룩한 흰옷을 받을 수 있을 것입니다. 당신에게는 오직 그분의 순결이 필요합니다.

내가 하는 말을 잘 들으십시오. 듣는 것이 쉬운 것은 아니지만 이것은 당신의 영혼을 먹이는 것입니다. 스스로의 힘으로 살아야 한다고 속삭이는 음성을 거절하십시오. 자기 사랑의 음성은 사단의 음성보다 훨씬 더 강합니다. 만일 세상이 우리가 사랑으로 베풀 수 있는 것보다 더 많은 것을 요구하지 않는다면 더 좋은 주인이 아니겠습니까? 세상은 자기사랑의 집합체입니다.

그러나 그리스도는 당신의 내면을 공허하도록 내버려 두지 않으십니다. 하나님은 당신이 기쁨으로 할 수 있는 일을 하도록 인도하실 것입니다. 그리고 당신을 타락하도록 만드는 모든 다른 일들보다 하나님이 주신 일들을 더 좋아하게 만들 것입니다. 움켜쥐고 있던 것들을 버리고 온전히 주님께 자기 자신을 드린다면 당신은 얼마나 행복할까요? 예수의 신부여, 자신의 것을 주장하지 않고 그분의 아름다움만 구하는 당신이 얼마나 아름답겠습니까? 그러면 당신은 신랑의 기쁨이 될 것이요, 그는 당신의 모든 아름다움이 될 것입니다. 그분은 측량할 수 없는 사랑으로 당신을 사랑하실 것입니다. 자신의 생명을 당신 안에 두실 것입니다.

Die Daily

매일
죽으십시오

많은 사람들이 자기 자신에 대해 죽는 것이 매우 고통스런 과정이라고 생각합니다. 그러나 실제로 문제가 되는 것은 그들 안에 아직도 살아 있는 부분입니다. 죽음은 그것에 당신이 저항할 때만 고통스럽습니다. 당신은 상상 속에서 죽음이 얼마나 끔찍한 것인지 과장합니다. 자기 사랑은 살아남으려고 힘을 다해 몸부림칩니다. 외적으로 뿐만 아니라 내적으로도 죽으십시오. 하나님으로부터 태어나지 않은 모든 것들이 죽도록 하십시오.

당신의 십자가를 지십시오. 이것이 무슨 의미인지 아십니까? 당신을 있는 그대로 바라보는 법을 배우십시오. 그리고 당신의 연약함을 받아들이고 하나님이 당신을 고쳐 주시는 것을 기뻐하십시오. 당신의 목표는 다른 사람에 대해서와 마찬가지로 당신 자신에 대해서도 인내하는 것입니다. 당신이 삶 속에서 매일매일 조금씩 죽는다면 당신은 마지막 날에 대해 너무 염려할 필요가 없습니다. 자기 사랑은 우리로 하여금 크게 근심하게 합니다. 당신이 미래에 대해 그렇게 많이 염려하는 것은 당연합니다. 스스로에 대해 인내하고 또 다른 동료 그리스도인들이 당신을 돕도록 허락하십시오. 매일매일 죽음으로써 당신은 결국 사망의 권세를 깨뜨리게 될 것입니다. 그러면 육신의 죽음은 잠을 자는 것에 지나지 않게 됩니다. 이렇게 평안의 잠을 자게 되면 얼마나 행복하겠습니까?

Difficult Circumstances

어려운 환경

하나님께서는 당신이 낙담하거나 망하는 것을 원하지 않으십니다. 상황이 당신을 집어삼킬 것처럼 느껴지더라도 그러한 어려운 환경들을 끌어안으십시오. 하나님께서 삶에 허락하신 일들을 통해 당신을 빚으시도록 허락해 드리십시오. 이러한 과정을 통해 당신은 하나님의 뜻에 유연성 있게 반응하는 사람이 될 것입니다. 이 어려운 일들은 마음의 용광로와도 같습니다. 당신의 모든 불순물들이 녹고 낡은 행동방식들도 소멸됩니다.

자신의 결점들을 보면 수치심을 느낍니까? 그것을 통해 당신이 얼마나 민감하게 자신을 사랑하는지 깨달으십시오. 당신이 완전하지 못함으로 느끼는 고통은 결함 그 자체보다 나쁜 것입니다. 문제는 당신이 자신의 결점을 발견함으로 염증을 느끼고 있다는 것입니다. 불안해하지 않고 진정한 당신의 모습으로 살아가는 법을 배우십시오. 이렇게 한다면 당신은 곧 평안을 찾게 될 것입니다.

　매일의 삶 가운데 상황이 급격하게 요동치는 것을 인내하며 견디십시오. 속상하게 하는 모든 상황 배후에서 하나님이 모든 것을 다스리고 계신다는 것을 깨달으십시오. 하나님께서는 즐거운 상황뿐만 아니라 어려운 상황을 통해서도 당신을 훈련하고 계십니다. 하나님은 당신의 삶에 간섭하셔서 당신의 계획을 좌절시키고 당신이 원하는 모든 것을 방해하실 것입니다. 그러나 이러한 간섭으로 당신은 하나님께 향하게 될 것입니다. 그분 앞에 잠잠히 머물며 그분께 당신의 의지를 맡겨 드리십시오. 꺾이지 않는 당신의 고집스런 뜻이 유연하게 변화될 것입니다.

　하나님의 손으로부터 오는 것은 무엇이든지 좋은 열매를 맺게 마련입니다. 때로는 완전한 고독보다 고독으로 이끄는 속상한 상황이 당신을 더 겸손하게 합니다. 매 순간 모든 상황을 최대한 활용하십시오. 종종 흥미로운 책이나 영감 있는 기도, 혹은 영적인 문제에 대한 깊은 대화들은 당신 자신에 대해 만족하게 만들 것입니다. 당신은 실제보다 더 높은 수준에 이르렀다고 믿게 될 것입니다. 십자가에 대해 단순히 이야기하는 것과 실제로 그것을 경험하는 것은 완전히 다릅니다. 그러므로 이것을 기억하십시오. 어려운 상황을 일부러 간구하지는 마십시오. 하지만 그것이 닥쳤을 때는 평강 안에서 받아들이십시오. 우리 스스로를 속이는 것은 매우 쉽습니다! 하나님을 마치 아득히 멀리 떨어진 하얀 성안에 계신 분처럼 생각하며 구하지는 마십시오. 그분은 매일의 삶에서 벌어지는 상황들 한가운데 계십니다. 지난 절망적인 상황들을 돌아보고 그분을 발견하십시오.

The Ways of God

하나님의
방법

하나님께서 옛 본성을 나누실 때는 당신이 가장 소중히 붙들고 있는 것 정확히 한가운데에 타격을 가하십니다. 하나님께서 당신의 존재 중심에 십자가를 주시도록 허락해 드리십시오. 이러한 과정이 시작될 때 원망하거나 동요하지 마십시오. 침묵하고 평강 안에 거하는 것이 불안해하는 것보다 당신에게 훨씬 유익할 것입니다.

당신은 어려운 문제들에 대해 겸손한 듯한 어조로 다른 사람들에게 알리고 싶은 유혹을 받을 것입니다. 바로 이것을 주의하십시오! 말이 많은 겸손은 깊은 수준에 이르지 못합니다. 말을 너무 많이 하면 당신의 자기 사랑은 수치감을 모르도록 만듭니다.

사람들이 말하는 것에 대해 분노하지 마십시오. 그들이 말하도록 내버려두고 당신은 하나님만 따르십시오. 사람들에 대해 의식하면 할수록 당신은 결코 그들을 만족시킬 수 없을 것입니다. 침묵, 평안, 그리고 하나님과의 연합만이 당신을 대적하여 말하는 사람들로부터 당신을 위로해 줄 수 있습니다. 지금과 같은 상황에서는 올바른 일을 하는 것에 더 단호해질 필요가 있습니다. 그러나 동시에 당신의 성급한 성격은 통제와 균형을 필요로 합니다. 하나님 앞에 자주 나아가 그분의 임재 안에 머물며 당신 자신을 새롭게 하십시오. 마음을 겸손하게 하고 당신 자신의 의견과 의지를 내려놓는 것만큼 중요한 것은 없습니다. 완고함과 거친 태도는 예수 그리스도의 영성과는 상관이 없습니다.

Take up Your Cross

당신의 십자가를 짊어 지십시오

자기 사랑으로 인한 갖가지 딜레마를 가중시키지 않고 단순히 십자가를 짊어지는 것이 쉽습니다. 십자가를 받아들이고 그 십자가가 하나님이 의도하신 바를 이루도록 허락할 때, 당신 안에 선한 열매가 맺히는 것을 보고 행복해질 것입니다.

하나님을 사랑한다면 그분을 위해 감내해야 하는 고통쯤은 문제되지 않을 것입니다. 십자가는 당신이 사랑하는 그분의 형상으로 당신을 빚어갈 것입니다. 바로 여기에 참된 위로가 있습니다. 당신은 그분과 진정한 사랑으로 결합될 것입니다.

당신은 더 이상 자신의 짐을 질 수 없는 몇몇 노인들의 짐을 대신 지고 있습니다. 나이가 들면 분별력이 떨어집니다. 선한 성품조차도 깊이 뿌리내리지 않은 것은 약해집니다. 모든 힘을 성질부리는 데만 씁니다! 이 모든 짐을 십자가로 여기고 환영하십시오.

주님의 품에서 평화롭게 안식을 누릴 여가시간이 주어졌다는 것은 복된 일입니다. 이때 당신 자신을 새롭게 하고, 계속 정진할 수 있는 힘을 얻을 수 있습니다. 당신의 건강을 돌보십시오. 그리고 적당량의 휴식을 취하고, 그 시간을 즐기십시오. 주변의 사람들이 나이가 들수록 그들에게 기대할 것이 점점 줄어들 것입니다. 그러나 당신 스스로에 대해서도 역시 너무 많은 기대를 하지 마십시오.

Temper Your Standards

당신의 기준을 완화 하십시오

고통은 우리 모두에게 꼭 필요한 것입니다. 당신 자신의 욕망과 의지에 대해 죽음으로 정결해지게 됩니다. 당신 스스로 죽으십시오. 이 일이 일어날 최고의 기회를 맞고 있습니다. 이 기회를 놓치지 마십시오!

당신이 살아가는 매일의 기준들이 느슨해져서는 안 된다는 것에 저도 동의합니다. 하지만 다른 사람들의 잘못에 대해서는 온유하게 대처해야 합니다. 덜 중요한 문제들에 대해서는 관대하십시오. 그러나 가장 중요한 것에 대해서는 확고한 태도를 유지해야 합니다.

기억하십시오. 진정으로 견고한 사람은 온유하고 겸손한 성품을 지닙니다. 날카로운 혀와 교만한 마음, 냉혹한 손은 하나님의 일과 아무 상관이 없습니다. 지혜는 "상냥하게 모든 것들을 지시합니다." 당신은 이렇게 행동하고 있습니까? 만약 당신이 달리 행하고 있다면, 지금 즉시 스스로를 겸손케 하십시오. 경건한 기준은 반드시 지키십시오. 그러나 세상적인 방식으로 그것을 지키고 있다면 자백하고 인정하십시오.

그 어떤 책이나 기도보다도 매일매일 실패의 굴욕감에 직면하는 것만큼 자기 자신에 대해 죽는 것에 도움이 되는 것은 없습니다. 물론 당신은 여전히 내적으로 더 죽고 하나님 앞으로 신실하게 나아가야 합니다. 나는 또한 경고합니다. 당신의 여러 가지 일들이 당신의 영적인 삶을 흐트러뜨리지 않도록 하십시오. 영적인 삶이 흐트러진 채 지속된다면, 당신의 마음은 굳어질 것입니다. 할 수만 있다면 기도하기 위해 바쁜 일에서 물러나십시오. 그리고 하루의 남은 시간을 사랑 안에서 살아가십시오.

Ups and Downs

상승과 하락

당신의 영적인 삶에 상승과 하락을 모두 허락하십시오. 영적인 하락만 있다면, 당신의 마음은 굳어지고 낙담하게 될 것입니다. 그러나 하나님께서는 당신에게 한숨 돌릴 때를 주십니다.

저의 이야기를 들려 드리겠습니다. 고통 중에 있을 때, 저는 시련의 끝이 어딘지 도무지 보이지 않았습니다. 그래서 고통에서 해방되었을 때, 그것이 진정 끝난 것인지 의심이 된 나머지 저에게 찾아온 안식을 받아들이기를 주저했습니다. 좋은 때와 나쁜 때, 두 가지를 똑같이 받아들이는 것이 진정한 열매를 맺는 길입니다. 하나님의 손에서 오는 위로와 징계를 모두 받아들이십시오.

물론 이것을 말로 하기는 쉽습니다. 그러나 제 안에서 일하려고 다가오는 십자가를 생각할 때마다 너무 겁이 나서 움츠러들었다는 것을 알리고 싶은 것입니다. 십자가를 경험하는 것이 쉬운 일이라고 말씀드리는 게 아닙니다. 그것은 외적으로 어려운 일이고, 내적으로는 더 힘든 일입니다 - 고뇌와 목마름의 시간입니다. 지금 제 말이 비관적으로 들린다면 이것은 제가 영적인 광야를 통과하고 있는 중에 이 글을 쓰기 때문입니다. 내일은 또 무슨 일이 저에게 일어날지 알 수 없습니다. 하나님께서는 그분이 보시기에 선한 일을 행하십니다. 가끔씩 그분이 원하시는 것을 받아들이기 힘들 때가 있습니다. 그러나 그분의 음성을 경청하십시오 - 그분 안에 참된 자유, 평화, 그리고 기쁨이 있습니다.

Bearing Affliction

고통을 감당하기

당신이 이야기한 그 연약한 자매에 대해서는 안타깝게 생각합니다. 그녀가 하나님을 불신하지 않도록 권면하여 주십시오. 하나님께서 그녀에게 고통을 견딜 수 있는 인내심을 주실 것입니다. 그녀의 한계는 오직 하나님만 아십니다. 그녀의 한계가 어디까지인지, 또 이 시험이 언제까지 지속될지 우리는 알 수 없습니다. 이러한 사실은 우리를 낙담하게 만듭니다.

"하나님께서는 신실하셔서 우리가 감당할 수 있는 시험 이상으로는 우리에게 허락하지 않으실 것입니다." 하나님께서는 그분의 신실하심을 보증하십니다. 이 신실하심이 얼마나 놀라운지요!

당신의 친구에게 이 점을 상기시켜 주시고, 내일 일을 염려하지 말고 모든 것을 하나님께 맡겨 드리라고 말해 주십시오. 당신이 끔찍하고 도저히 견딜 수 없다고 생각하는 일들은 막상 실제로 닥치면 그렇게 나쁘지 않은 경우가 많습니다. 당신이 상상하는 것들은 하나님이 하시려는 것보다 일을 더 어렵게 만듭니다. 당신은 미래에 대해 알고 싶어서 자신의 고통을 과장하고 있습니다. 때로는 아직 일어나지 않은 일에 압도당하기도 합니다. 모든 순간이 하나님의 손에 있습니다. 겸손히 하나님과 동행하십시오.

The Bondage of Self

자아의 속박

금사슬이 당신을 속박하는 철 사슬로 바뀔 수도 있습니다. 사람들이 보석으로 치장된 옷을 입은 당신을 부러워하는 동안 당신은 그 화려한 옷의 포로가 될 수도 있습니다. 그러한 속박은 억울하게 감옥에 갇히는 것과 마찬가지입니다. 당신이 얻을 수 있는 유일한 위로는 하나님께서 그분의 지혜 안에서 이러한 상황을 허락하셨다는 사실입니다. 이것은 마치 결백한 죄수가 얻을 수 있는 위안과 같은 것입니다.

당신이 하나님의 손안에 있다는 것을 깨닫는 데서 오는 위로는 결코 마르지 않습니다. 하나님의 돌보심 안에 있을 때, 그 어떤 것도 문제가 되지 않습니다. 당신 자신의 뜻을 내어 버리고 하나님의 뜻을 따르는 일이 얼마나 복된 일인지요. 그러나 그것은 결코 쉬운 여정은 아닙니다. 그것이 어떤 것인지 말씀드리겠습니다. 당신은 더 이상 자기 자신을 위해서는 살 수 없습니다. 밤낮으로 하나님께서 원하시는 것만 행해야 합니다.

그러나 이것이 전부가 아닙니다! 하나님께서는 당신의 손과 발에 간섭하시며 한순간도 당신을 그냥 내버려두지 않으실 것입니다. 계속 설명할까요? 하나님은 당신을 더 깊은 희생으로 인도하실 것이고, 고난 이후 또 다른 고난을 주실 것입니다. 그분은 인생의 크고 작은 문제들과 악화되어 가는 상황들 가운데 그분의 고귀한 계획을 달성하기 위해 당신을 훈련하십니다. 그리고 한순간도 그냥 흘려보내도록 허락하지 않으십니다! 당신을 속상하게 하는 사람이 떠날 때가 되면 하나님께서는 또 다른 사람을 보내십니다.

당신은 하나님께 홀로 나아가는 시간을 가지는 것이 영적으로 중요하다고 생각합니다. 그러나 저는 당신이 언제나 하나님의 임재 안에서 달콤한 시간만 가지는 것보다는 당신의 삶 속에 있는 십자가를 끌어안음으로 그분과 더 가까워질 것이라고 말하고 싶습니다. 일상 속의 수많은 일들이 맹렬한 홍수처럼 당신을 덮칠 때, 불평 없이 견디십시오. 이 맹렬한 급류 한가운데서도 하나님을 발견하게 될 것을 알지 못하십니까?

예수님은 베드로에게 "전에는 네가 원하는 곳으로 다녔으나, 나이가 들어서는 너보다 강한 분이 너의 길을 지도하시고 네가 원하지 않은 곳으로 인도할 것이다"라고 말씀하셨습니다. 당신도 베드로처럼 이렇게 인도 받으십시오. 자유에 대해 꿈꾸는 것은 매우 멋진 일입니다. 하지만 아마도 당신은 결코 그 자유에 이르지 못할 것입니다. 당신은 바로 지금 그 상황 가운데서 죽어야 함을 깨달아야 합니다. 바벨론에 포로로 잡혀간 이스라엘 민족은 예루살렘으로 돌아가기를 갈망했지만, 그들 중 많은 사람이 예루살렘을 보지 못하고 죽었습니다. 이 사람들이 하나님을 섬기기 위해 예루살렘으로 돌아가기만을 기다렸다면 어떻게 되었겠습니까? 포로 된 상황 속에서도 하나님을 섬긴 이스라엘 민족과 같이 하십시오.

The Hidden Cross

숨겨진 십자가

하나님께서는 당신을 십자가로 인도하기 위해 온갖 종류의 환경을 사용하십니다. 그리고 그 환경들을 통해 그분의 목적을 달성하십니다. 그분은 당신의 정서적, 영적 고통에 육체적 연약함까지 더하셨습니다. 물론 세상은 당신이 십자가를 지고 있는 것을 보지 못합니다 - 그들은 단지 당신이 과민하거나 너무 신경을 쓰다 탈진했다고 생각할 것입니다. 그래서 관찰자들 중에는 보이지 않는 십자가의 사역 아래 두 배로 순복하며 들어가는 당신을 바라보며 눈에 띄게 운이 좋은 사람이라고 부러워하는 이들도 있습니다.

십자가의 사역 아래 있을 때 하나님께 무엇이라 말하겠습니까? 그분께 많은 것을 말씀드리거나 심지어 그분에 대해 많이 생각할 필요도 없습니다. 그분은 당신의 고통과 순복하고자 하는 자발적인 마음을 알고 계십니다. 사랑하는 사람에게 "나는 당신을 온 마음을 다해 사랑합니다"라고 끊임없이 말할 필요는 없습니다. 그분을 얼마나 사랑하는지에 대해 생각하지 않아도 당신은 여전히 그분의 모든 것을 사랑하고 있습니다. 진정한 사랑은 영혼 깊은 곳에 있으며 단순하고, 평화롭고, 조용합니다.

고통은 어떻게 짊어지는 걸까요? 잠잠히 하나님 앞에 머무십시오. 하나님의 임재에 대한 감각을 인위적으로 조작함으로 스스로를 속이지 마십시오. 삶의 어려움들 – 당신의 일, 건강, 그리고 내면의 모든 실패들 – 이 당신의 옛 본성이라는 독의 진정한 치료제임을 조금씩 깨닫게 될 것입니다. 인내와 온유로 고통을 감당하는 법을 배우십시오.

The Nature of Self-denial

자아 부정의 특성

그리스도인들의 삶에는 자기를 부인하는 것이 필요합니다. 그러나 하나님께서는 당신에게 가장 고통스러운 것을 선택하라고 요구하지는 않으십니다. 만일 이 길을 따른다면 당신의 건강과 명성, 일과 우정, 이 모든 것을 곧 잃어버릴 수 있습니다.

자아 부정은 하나님께서 통과하도록 허락하신 삶의 모든 것들을 인내하며 감당하는 것입니다. 하나님의 질서 안에 허락되는 것을 어떤 것도 거절하지 않을 때 당신은 예수 그리스도의 십자가를 맛보게 될 것입니다.

마치 일용할 양식을 공급하시는 것처럼 하나님께서는 당신이 삶의 십자가를 질 수 있도록 은혜를 주십니다. 그분은 결코 당신을 내버려두지 않으십니다! 지나친 자기 열심으로 가득 찬 사람들에게는 자기 방식대로 자아 부정을 연습하는 것을 포기하고 하나님께서 삶에 어떤 것을 허락하시든 받아들이는 것이 좋은 훈련이 됩니다.

  만일 하나님께서 정하신 자아 부정의 과정을 받아들이려 하지 않는다면, 당신 스스로 행하는 자아 부정에 대해 신뢰하지 마십시오. 당신이 무엇을 하고 있는지 면밀히 살펴보십시오. 하나님께서 당신에게 필요한 것들을 허락하심을 믿으십시오.

The Value of The Cross

십자가의 가치

하나님께서 왜 이런 어려운 상황을 허락하시는지 궁금하십니까? 왜 그 동안 당신을 어려움으로부터 건져 주시지 않으셨을까요? 물론 그 분은 그렇게 하실 수 있었지만, 그렇게 하지 않기로 결정하신 겁니다. 그분은 당신이 때에 따라 조금씩 점차로 성장하기를 원하시지 단번에 성숙해 버리는 것을 원치 않으십니다. 이것이 그 분이 결정하신 것이며 당신은 그 분의 지혜 앞에 경배 드리는 수밖에 없습니다 – 당신이 이해할 수 없을 때라도.

저는 고통이 만들어내는 열매에 경탄을 금할 수 없습니다. 당신과 저는 십자가 없이는 아무것도 아닙니다. 십자가가 제 안에서 일하고 있을 때, 저는 고통으로 울부짖습니다. 그러나 그 과정이 끝났을 때에는 하나님께서 성취하신 것들을 뒤돌아보며 감탄하게 됩니다. 물론 그 때가 돼서는 고통을 잘 감당하지 못한 것 때문에 부끄럽기도 합니다. 저는 저의 어리석은 반응들을 반성하면서 많은 것을 배워 왔습니다.

당신 자신도 변화의 고통스런 과정을 견뎌내야 합니다. 단기간의 급작스런 성숙 보다 이러한 과정이 훨씬 더 중요합니다. 하나님께서는 대단히 멋진 기적에 기초한 관계보다 믿음과 신뢰에 기초한 관계를 맺기를 원하십니다.

당신 자신으로부터 나온 신뢰를 제거하시고 오직 그 분만 신뢰할 수 있도록 도와주시기 위해 하나님께서는 좌절과 환멸 그리고 삶의 실패들을 사용하십니다. 그것은 마치 약한 불길 속에서 서서히 태워지는 것과 같습니다. 당신은 차라리 영광의 불길 속에 단번에 타버리기를 원할 것입니다. 그렇지 않습니까? 하지만 단번에 타버리는 그런 식이라면 어떻게 당신이 자아로부터 분리될 수 있겠습니까? 그 분은 당신을 당신 자신으로부터 또한 다른 것들로부터 분리해 내시기 위해 삶 속에 온갖 사건들을 준비하십니다.

하나님께서는 당신의 아버지십니다. 그 분이 당신을 상하게 하실까요? 그 분은 단지 당신의 잘못된 방식으로 자리 잡은 애착들을 끊어 버리기를 원하십니다. 하나님께서 당신의 삶으로부터 무언가를 또 누군가를 제거하실 때 당신은 어린 아이처럼 울부짖을 것입니다. 그러나 만약 잘못된 애착이 얼마나 영원히 해로운 결과를 불러일으키는 지를 볼 수만 있다면 당신은 그로 인해 훨씬 더 많이 울부짖게 될 것입니다.

당신은 영원한 시각으로 바라보지 못하고 있습니다. 하나님께서는 모든 것을 아십니다. 그 분의 허락하심 없이는 어떤 것도 일어나지 않습니다. 당신은 조그만 손실로 인해 혼돈에 빠져서, 영원한 유익을 바라보지 못하고 있습니다. 당신의 고통에 머물러 앉아있지 마십시오. 당신의 지나치게 민감한 태도 때문에 시련을 견디기가 더 힘들어 집니다. 하나님께 온전히 자신을 항복해 드리십시오. 아직도 하나님 나라에 속한 것이, 아니 당신 안의 모든 것들은 십자가를 필요로 합니다. 십자가를 사랑으로 받아들일 때 하나님의 나라가 당신 안에 생명으로 임하기 시작할 것입니다. 당신은 십자가를 져야만 하고 하나님을 기쁘시게 하는 일로 만족해야 합니다. 당신에게는 십자가가 필요합니다. 모든 좋은 선물과 은사를 주시는 신실하신 공급자께서 직접 그분의 손으로 십자가를 주셨습니다. 이렇게 십자가로 인해 교정 받는 것이 당신의 유익을 위해 얼마나 큰 축복인지 알게 되기를 기도합니다.

나의 하나님, 모든 고통 가운데서 예수님을 바라보고 우리의 모델로 본받게 하소서. 하나님께서는 우리를 위해 예수님을 십자가에 못 박으셨습니다. 아버지께서는 우리에게 슬픔이 얼마나 유익한 것인지 가르쳐 주시기 위해 예수님을 슬픔의 사람이 되도록 이끄셨습니다. 우리가 우리 자신으로부터 등을 돌리고 온전히 당신만을 신뢰할 수 있는 마음을 주시옵소서.

A Violent Kingdom

격렬한 왕국

"우리는 그리스도를 위해 어리석은 자가 되었고, 당신들은 그리스도 안에서 지혜로운 자입니다." 바울이 이 말을 누구에게 했을 거라고 생각하십니까? 바로 당신에게 입니다. 하나님을 모르는 사람들에게 한 말이 아닙니다. 어리석어 보이는 예수 그리스도의 십자가를 받아들이지 않고도 그들 자신의 구원을 이루어 갈 수 있다고 생각하는 모든 사람들에게 말하고 있는 것입니다. 그 누구도 수치와 굴욕을 당하는 것을 원하는 사람은 없습니다. 그것은 흥미진진한 일도 아니며, 단지 하나님의 뜻하신 방법입니다.

당신은 세상이나, 당신 자신의 열정이나 게으름에 양보해서는 안됩니다. 말로만 하나님의 나라를 주장하는 것은 충분하지 않습니다. 하나님의 나라를 얻기 위해서는 힘과 용기, 그리고 격렬한 투쟁을 필요로 합니다. 당신은 세속의 흐름에 격렬하게 저항해야 합니다. 하나님으로부터 멀어지게 만드는 모든 것들을 맹렬할 정도로 버려야 합니다. 하나님의 뜻만을 행하기 위해 당신의 의지를 하나님께 격렬하게 돌이켜야 합니다.

이러한 격렬함을 당신이 알게 되기를 기도합니다. 이렇게 하지 않고 어떻게 주 예수님의 삶을 조금이라도 이해할 수 있겠습니까?

Humiliation

겸손

가장 중요한 것은 겸손입니다. 겸손은 모든 것을 순조롭게 배울 수 있는 마음(teachable spirit)을 줍니다. 예수님의 삶을 생각해 보십시오. 그 분은 마구간에서 태어났습니다. 애굽으로 피난가야 했습니다. 목수로 30년간을 일하셨습니다. 그리고 그는 배고픔과 목마름, 피곤으로 고통을 당하셨습니다. 그는 가난했고 사람들의 조롱을 당하셨습니다. 그 분은 하늘의 교리를 가르치셨으나 아무도 듣지 않았습니다. 그 분은 노예처럼 취급을 당했고, 배신당하고 두 강도 사이에서 죽임을 당하셨습니다.

예수님의 삶은 이처럼 수치로 가득 차 있지만 우리는 조금만 수치를 당해도 몸서리를 칩니다. 그 분이 당하신 고난과 십자가 안에서, 그 분을 구하지 않는다면 도대체 어떻게 예수님을 알 수 있겠습니까? 당신은 그 분을 본받아야 합니다. 그러나 당신 자신의 힘으로 그 분을 따를 수 있을 거라고 생각하지 마십시오 - 당신은 오로지 그 분 안에서만 힘을 얻을 수 있습니다. 예수님께서는 당신의 연약함을 몸소 느끼기를 원하신다는 것을 기억하십시오.

예수님께서 가신 겸손의 길을 따라 그 분을 따를 수 있도록 구하십시오. 당신이 연약함을 경험할 때 얻을 수 있는 가장 큰 유익은 연약함이 당신을 겸손하고 순종적인 사람이 될 수 있도록 도와준다는 것입니다.

The Sacrifice of Love

사랑의 희생

하나님의 임재와 위로를 느끼기 위해서만 그 분을 따른다면 당신은 잘못된 이유로 그 분을 따르는 것입니다. 당신의 지성은 알기를 열망하고, 감성은 달콤한 느낌을 느끼기 원하지만, 그러나 십자가에 이르기까지 그리스도를 따라가려 하지는 않습니다. 과연 그것이 자신에 대해 죽는 것입니까?

지나치게 영적 은사를 추구하는 데에는 미묘한 영적 야망이 자리 잡고 있습니다. 바울은 더 나은 길에 대해 말하고 있는데, "사랑은 유익을 구치 않는다"라고 하였습니다. 당신이 하나님의 임재를 느끼는 데서 오는 위로만을 추구한다면 어떻게 성숙할 수 있겠습니까? 즐거움을 추구하고 십자가를 간과한다면 당신은 너무나 엇나가게 될 것입니다. 당신은 곧 영적 만족만을 추구하게 되는 함정에 빠지게 될 것입니다.

당신이 예수 그리스도 안에서 아직 미숙한 어린아이라면,

하나님께서 그 분의 임재에서 느껴지는 위로를 거두어 가시는 매우 어려운 시기를 통과하게 될 것입니다. 현관에서만 머물지 마시고 집 안까지 들어가야 합니다! 신앙생활은 많은 멋진 느낌들과 더불어 시작됩니다. 그러나 이러한 것들이 당신의 성숙을 의미하는 것은 아닙니다. 온전히 하나님만 붙드십시오. 그리고 당신이 느끼고 맛보고 상상하는 그 어떤 것도 의지하지 마십시오. 환상이나 예언을 쫓는 것보다 이 길이 훨씬 더 안전한 길임을 깨닫게 될 것입니다.

The Purpose of Suffering

고통의 목적

하나님께서는 결코 불필요한 고통을 허락하지 않으십니다. 하나님께서는 고통을 통해서 당신을 치유하고 정결하게 하기를 원하십니다. 하나님의 손길은 가능한 아주 최소한 만큼만 당신에게 고통을 주십니다.

근심은 고통을 가져옵니다. 때때로 당신은 더 이상 고통당하기를 원하지 않아서 하나님의 일하심에 저항하기를 멈춥니다. 그러므로 쉴 새 없는 갈망과 근심들을 떨쳐낸다면, 당신은 하나님께서 그 분의 자녀들에게 주시는 평안과 자유를 경험하게 될 것입니다. 하나님께서 주시는 멍에는 당신이 그것으로부터 벗어나려고 발버둥치지 않고 받아들이기만 한다면 쉽고 가볍습니다. 하나님께 저항하는 것은 당신의 삶을 스스로 더욱 고통스럽게 만듭니다. 보통 당신은 당신의 고통에 제한을 두기 위해 하나님과 협상을 벌입니다. 당신 내면의 고집 같은 것 — 그것으로 인해 십자가의 사역이 필요한 — 이 십자가를 밀어내려고 할 것입니다. 하나님께서는 당신이 그 분을 밀쳐 낼 때마다 당신에 대해 처음부터 다시 시작하셔야 합니다.

때때로 하나님께서는 당신이 정결한 마음으로 은사를 소유할 수 있을 때까지 그 분의 은사를 거두어 가십니다. 그렇지 않으면 그것들이 당신을 오히려 망칠 것입니다. 하나님께서 주시는 은사에 대해 소유욕이 없는 경우는 거의 없습니다. 당신은 모든 것이 당신을 위한 것이라고 생각합니다. 당신은 하나님의 영광을 가장 먼저 생각하고 있지 않습니다. 가장 먼저 생각했다면 눈에 보이는 축복이 사라질 때 실망하지 않았을 겁니다. 사실 당신은 거의 당신 자신에 대해서만 생각하고 있습니다. 자기 사랑은 자신의 영적 성취를 자랑스러워합니다. 당신은 하나님 그 분 자신만을 발견하기 위해 모든 것을 잃어 버려야 합니다. 그러나 당신은 강제로 빼앗기기 전까지는 그것들을 떠나보내려 하지 않을 것입니다. 절벽 앞으로 던져지기 전까지는 그런 일이 벌어지지 않도록 발버둥 칠 것입니다. 그러나 하나님께서는 더 좋은 방법으로 주시기 위해 가져가시는 것입니다.

친구관계를 예로 들어 보겠습니다. 처음에 하나님께서는 그 분의 임재를 당신에게 쏟아 부어 주심으로 당신을 그 분께로 이끄십니다. 당신은 기도에 열심을 내고 이기적인 위로와 친구관계로부터 돌아서기에 적극적입니다. 당신은 당신이 가지는 그 느낌 — 하나님 임재의 느낌 — 을 공유할 수 없는 모든 사람과 모든 것들을 포기합니다. 많은 사람들이 이 과정을 결코 통과하지 못하고 주저앉습니다. 몇몇 사람들은 하나님께서 모든 것을 거두어 가시도록 허락해 드릴 때까지 이 과정을 통과합니다. 그러나 이 모든 것이 짐으로 느껴질 때 낙담하게 됩니다. 친구들을 찾게 되기는커녕 이전에 즐겁게 사귀던 친구들도 지금은 그들을 염증 나게 합니다. 여기에 심각한 고민과 절망이 있는 겁니다. 기쁨을 찾을 수 없습니다.

이것이 당신을 놀라게 합니까? 당신이 어떻게 사랑하는 지를 알지 못하기에 하나님께서는 이 모든 것을 거두어 가십니다. 그러니 이럴 때 친구관계에 대해 이야기하지 마십시오. 이러한 것이 당신을 눈물짓게 만듭니다. 모든 것들이 당신을 압도합니다. 당신 자신이 무엇을 원하고 있는지조차 알지 못합니다. 당신은 감정적이 되어서 마치 어린아이처럼 울게 됩니다. 당신은 순간순간 변하는 감정의 소용돌이 속에 있습니다. 강하고 수준 높은 정신의 소유자가 이러한 상태에 처하게 될 수 있다는 사실이 믿어지십니까? 이럴 때 친구관계에 대해 이야기하는 것은 아픈 사람에게 춤추는 것에 대해 이야기하는 것과 같습니다. 겨울이 지나가기까지 기다리십시오. 진실한 친구들은 당신에게 돌아올 것입니다. 당신은 더 이상 자신을 사랑하는 것이 아니라 하나님을 사랑하고 그 분을 위하게 될 것입니다. 그 전에 당신은 늘 무언가 잃을까봐 두려워 했습니다 - 겉으로는 관대하게 보였을지라도. 당신이 부나 명예를 구하지 않았다면, 흥미로운 것들, 확신하는 것들, 그리고 이해하는 것들을 다른 사람과 공유하기를 원했을 것입니다. 이 모든 위안들을 버리십시오. 당신은 비탄에 잠기게 되고 상처받으며 불쾌해 질 것입니다. 이것을 통해 당신이 진정 누구를 사랑하는지 알게 되지 않겠습니까?

당신이 누군가의 안에 계신 하나님을 사랑하게 되었다면 어찌되었건 그 사람과 교제를 나누십시오. 그러나 하나님의 질서 안에서 친구관계가 깨어졌다면 평안하십시오. 그 우정이 하나님의 큰 선물이었기에 당신은 깊은 고통을 느낄 것입니다. 그러나 그것은 온화한 고통입니다. 소유욕에서 비롯된 사랑의 슬픔이 제거될 때 자유 하십시오. 하나님의 사랑은 당신을 자유 하게 하십니다.

고통의 시간들을 낭비하지 마십시오. 이 고통을 통해 하나님께서 당신 삶 가운데 성취하기 원하시는 목적을 이루도록 맡겨드리십시오. 고통의 이유와 목적을 모른 채로 고통자체에 빠져들지 마십시오. 그것은 일을 어렵게 만듭니다. 바울은 "하나님께서는 즐거이 드리는 자를 기뻐하신다"라고 말했습니다. 하나님의 다루시는 손길에 즐거이 자신을 드리는 사람을 하나님께서 얼마나 사랑하시는지요.

Part Ⅱ

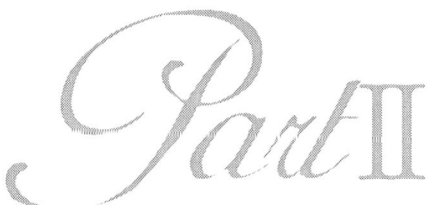

단순한 삶

A Life of Simplicity

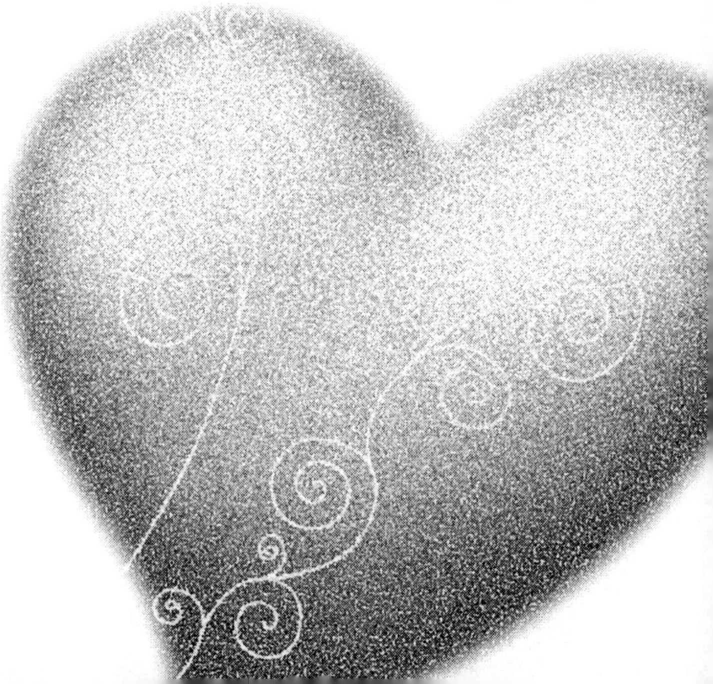

Simple Obedience

단순한
순종

평안하십시오. 당신의 과도한 상상에 대해 귀머거리가 되십시오. 계속해서 맴도는 상상은 당신의 건강을 해치고 영적 생활 역시 메마르게 만듭니다. 당신은 별로 좋지 않은 이유로 지나치게 걱정합니다. 그러한 쉴 새 없는 생각들은 내면의 평화, 하나님의 달콤한 임재를 몰아냅니다. 당신의 성급한 생각들이 당신의 내면에 돌개바람을 일으킬 때 어떻게 그분의 부드럽게 속삭이는 음성을 들을 수 있겠습니까? 잠잠하십시오. 그러면 곧 주님의 음성이 들릴 것입니다. 단 한 가지에 있어서만은 과도함을 허락하십시오. 바로 과도한 순종입니다.

당신은 위로를 구하고 있습니다. 그러나 당신은 샘 앞까지 인도되어 왔지만 막상 샘물을 마시기는 거부하고 있다는 사실을 모르고 있습니다. 평안과 위로는 오직 단순한 순종 안에서만 찾을 수 있습니다. 당신이 얼마나 순종적인가에 대해서 많이 말하지 말고 그냥 순종하십시오. 그러면 당신은 곧 당신 안에서 생수의 강물이 흐르는 것을 발견하게 될 것입니다. 당신이 많이 믿을수록 많이 받게 될 것입니다. 당신이 아무것도 믿지 않는다면 당신은 아무것도 받을 수 없을 것이고, 당신의 공허한 상상이 말하는 이야기만 계속 듣게 될 것입니다.

당신의 주의를 집중시키는 중요하지 않은 것에 마음 쏟는 것을 진실한 사랑이라고 가정함으로써 그 명예로운 단어의 의미를 퇴색시킵니다. 사탄은 광명의 천사로 가장합니다. 그는 율법적인 사랑이나 지나치게 민감한 양심의 형태를 취하여 가장합니다. 그가 당신을 설득하여 바리새인이 되도록 한다면 당신은 이제 이 사단의 인도의 따를 때 얼마나 큰 어려움에 빠질 것인지 아셔야 합니다. 사단이 이렇게 당신을 이끄는 것을 거부하십시오.

당신이 수 백 명의 순교자의 죽음으로 죽는 것보다 단순하고 복잡하지 않은 갈망만을 가질 때, 하나님께서는 당신을 더 기뻐하실 것입니다. 당신의 마음을 돌려 하나님께 단순함의 희생 제사를 드리는 일이 지연되고 있다는 사실에 염려하십시오. 정말 사랑하는 사람이 요구할 때 진실한 사랑이 망설이겠습니까?

The Danger of Spirtual Ambition

영적 야망의 위험

당신이 잘 지내고 있다니 기쁩니다. 그리고 당신 안에 일어나고 있는 일들에 대해 간단명료하게 말해주어서 기쁩니다. 당신이 생각하기에 하나님이 요구하신다고 생각하는 것이 있으면 주저 말고 알려 주십시오.

당신이 영적 삶의 진보에 야망을 품고 영적인 명성을 가진 사람들과 교제하려고 열심인 것은 놀라운 일은 아닙니다. 그것이 어떻게 보이던 간에 이러한 것들은 당신의 자기 사랑을 한껏 치켜 올려줄 따름입니다. 좀 더 영적으로 된다든지 혹은 영적으로 존경을 받는 사람들과 함께 함으로써 중요한 사람이 되려는 야망을 채우려 하지 마십시오. 당신이 추구해야 하는 목표는 스스로 겸손해짐으로써 이런 모든 야망들에 대해 죽는 것입니다. 당신은 하나님만 바라보면서 미천하고 경멸받고 무시당하는 자들을 받아들이는 법을 배워야 합니다.

당신은 완벽한 인생을 사는 법에 대한 수많은 설교들을 들어 왔을 것입니다. 당신은 그 설교의 내용이 무엇인지 알고 있으면서도 완벽한 삶으로부터 오히려 더 멀어지고 있을지 모릅니다. 당신의 근본적인 목표는 자기 자신에 대해서는 귀머거리가 되고 하나님의 음성을 잠잠히 경청하는 것입니다. 당신은 교만함을 버리고 하나님을 기쁘시게 하는 일에 자신을 드려야 합니다. 적게 말하고 많이 행하십시오—남이 알아주든 말든 간에.

하나님께서는 가장 성숙한 그리스도인이 할 수 있는 것보다 당신을 더 잘 가르치실 것입니다. 그 분은 세상의 어떤 책보다 더 잘 가르치실 수 있습니다. 당신은 어째서 지식을 쫓아가고자 하십니까? 심령이 가난해 지는 것, 그리고 그리스도 즉 십자가에 못 박히신 그 분만을 아는 것이 당신에게 필요한 모든 것임을 깨닫지 못하십니까? "지식은 교만하게 하고 오직 사랑만이 덕을 세우나니(고전8:1)" 사랑으로만 만족하십시오.

뭐라고요! 지식을 더 많이 얻음으로써 하나님을 사랑할 수 있게 된다고요? 당신은 이미 사용할 만한 충분한 지식을 가졌습니다. 더 많은 지식을 구하기보다 이미 알고 있는 것들을 실천하십시오. 당신의 호기심으로 몇 가지 영적 개념들에 대해 지적으로 탐구했다고 해서 영적으로 성장하고 있다고 생각하는 것은 자신을 속이는 것입니다. 겸손하십시오. 하나님만이 주실 수 있는 것들을 사람으로부터 얻으려고 기대하지 마십시오.

The Depths of Pride

교만의 깊이

당신은 하나님께서 당신으로부터 무엇을 원하시는지 알고 있습니다. 어떻게 거절할 수 있겠습니까? 하나님의 부르심에 대한 당신의 저항은 완전히 자기사랑으로부터 온 것임을 당신은 직감하고 있습니다. 당신의 자만이 자라도록 내버려두겠습니까? 그리고 하나님의 자비를 거절하기 위해서 온갖 비범한 변명들을 만들어 내시겠습니까? 당신의 정처 없이 떠도는 생각들에 너무 많은 도덕적 기준들을 적용시켜 치장하고 있습니다. 그런 생각들을 무시하는 법을 배우십시오. 당신은 무시해도 될 것들은 고백하면서도 지속적으로 성령님을 거스르고 있다는 사실에 대해서는 염려하고 있지 않군요. 당신이 원하는 것을 당신이 원하는 방법대로 하나님께서 주시지 않기 때문입니까? 자기 유익을 추구하는 마음(Self-interest)과 교만은 하나님의 선물을 거절하도록 만듭니다. 왜냐하면 하나님의 선물들은 당신의 취향에 맞지 않는 방법으로 오기 때문입니다. 어떻게 기도할 수 있습니까? 당신 영혼 깊은 곳에서 하나님께서 당신에게 무엇을 말씀하십니까? 하나님께서는 오직 죽음만을 요구하십니다. 그러나 당신은 살려고만 하고 있습니다. 당신은 어떻게 당신이 원하는 방식으로만 응답해달라고 그분에게 요구하십니까?

거지가 빵을 구걸하여 받는 것처럼 당신이 하나님의 선물과 은혜를 받는 것이 무엇이 문제입니까? 이렇게 한다고 그 선물들이 덜 순수해지거나 덜 중요해지지 않습니다. 하나님께서 당신에게 주시기 원하는 달콤한 은혜를 겸손함으로 받으십시오.

The Mask of The Self-Nature

자기 본성의 가면

이시적으로 자신을 사랑하는 것은 영을 기로막습니다. 자아에 사로잡히는 것은 스스로를 감금시키는 것과 같습니다. 그 감옥에서 나올 때 당신은 하나님께서 얼마나 위대하신 분이며, 얼마나 놀랍게 그분의 자녀들을 자유롭게 하시는지 경험하게 될 것입니다.

저는 하나님께서 당신을 연약하게 하신 것을 기쁘게 생각합니다. 당신의 자신감은 꺾이게 될 것이고 결코 자기 사랑에서 벗어나지 못할 것입니다. 자연적 본성과 교묘함에는 언제나 살고자 하는 힘이 있기 때문에 자기 사랑은 언제나 숨겨진 힘과 숨을 은밀한 장소를 찾아냅니다. 당신은 자신의 이기심을 보지 못합니다. 이기심은 언제나 남들을 위해 희생하는, 겉으로 보기에는 분명히 관용처럼 보이는, 교묘한 독을 먹고 삽니다. 하나님께서는 당신의 옛 본성이 크게 소리치며 문을 열고 나오도록 밀어 붙이십니다. 당신이 얼마나 시기심에 가득 찼는지 보십시오.

연약함은 매우 고통스럽게 합니다. 그러나 매우 유용하기도 합니다. 자기 사랑이 조금이라도 남아 있는 동안에, 당신은 그것이 발견될까 두려워할 것입니다. 자기 사랑이 마음의 은밀한 곳에 최소한의 분량이라도 남아 있다면, 하나님께서 그것을 찾아내시고, 무한히 자비로운 마음으로 타격을 가하심으로, 당신의 이기심과 시기심이 숨겨진 곳에서 뛰쳐나오도록 몰아붙이십니다. 그러면 그 독은 이제 치료제가 됩니다. 자기 사랑이 빛 가운데 드러날 때, 자신이 얼마나 끔찍한지 보게 됩니다. 당신이 붙들고 있던 일생의 환상이 죽을 수밖에 없게 됩니다. 하나님께서는 당신이 진정 경배하는 대상이 누구인지 보여 주십니다. 바로 당신입니다. 당신은 자기 자신을 제대로 바라볼 수밖에 없습니다. 그리고 더 이상 당신의 진정한 자아를 다른 사람들에게 숨기지 못하게 됩니다.

그러므로 자기 사랑의 가면을 벗겨내는 것은 가장 겸손케 하는 체벌입니다. 당신은 이제 더 이상 지혜롭지도, 인내심이 많지도, 공손하지도, 침착하지도 않으며, 당신이 상상한 것만큼 다른 사람을 위해 희생하는 일에 용감하지도 않다는 사실을 직시하게 됩니다. 스스로 아무것도 필요하지 않다는 믿음을 받아들이지 않게 됩니다. 더 이상 자신의 "위대함"과 "관대함"에 "자기 사랑"보다 더 좋은 이름을 붙여야 마땅하다고 생각하지 않습니다. 이제 당신의 이기심이 사과를 잃고 울부짖는 어리석은 아이와 마찬가지라는 것을 알아야 합니다. 그러나 당신은 매사에 울부짖듯이 그렇게 분노하며 울기 때문에 더 큰 고통을 겪는 것입니다.

당신의 극악한 본성이 드러났기 때문에 그 어떤 것도 당신을 위로해 줄 수 없습니다. 당신은 자신의 어리석은 무례함과 거짓 겸손을 모두 보고 있습니다. 자신이 얼마나 두려움에 떨고 있는지 보십시오. 욥과 같이 말하십시오. "내가 두려워하는 그것이 내게 임하고 내가 무서워하는 그것이 나에게 도달했구나"(욥 3:25). 좋습니다! 당신의 옛 본성이 가장 두려워하는 것이 그것을 파괴하기 위해 가장 필요한 것입니다.

하나님께서는 이미 죽은 것을 공격하실 필요가 없으십니다. 반드시 죽어야 하지만 살아 있는 것만 대적하십시오. 필요한 것은 당신의 지나친 민감함을 직시하는 것입니다. 당신이 할 수 있는 것은 단지 기꺼이, 그리고 잠잠히 자신을 있는 모습 그대로 바라보는 것입니다. 이렇게 하자마자 당신은 변화되기 시작할 것입니다. 그러나 주의하십시오. 당신은 자아를 치유하지 않겠다고 담대하게 결심하지 못하고 있습니다. 당신이 구하는 치유가 위장된 치유일 수도 있고, 자아의 삶에 도움과 위안을 주는 것일 수도 있습니다. 자기 사랑을 위한 어떤 위로도 구하지 마십시오. 그리고 당신의 질병을 숨기지 마십시오. 모든 것은 단순하게 드러나게 하고 자신은 죽도록 허락하십시오.

이러한 죽음은 당신의 힘으로는 도저히 이루어질 수 없습니다. 연약함만이 당신이 소유한 유일한 것입니다. 어떠한 능력도 작용하지 못합니다. 오히려 그런 것들은 고통의 기간을 더 길고 어렵게 만들 뿐입니다. 만일 그러한 몸부림에 죽는다면, 당신은 더 빨리 덜 잔인하게 죽게 될 것입니다.

죽는 데에는 어쩔 수 없이 고통이 따릅니다. 격려하는 것이 고통 받는 자들에게는 오히려 잔인한 것입니다. 그들에게는 힘이 필요한 것이 아니라, 오히려 그들을 죽게 만들 치명적인 공격이 필요합니다. 고통 받는 자를 약하게 만들어 그의 죽음을 재촉하게 도와줄 수 있다면, 고통스러운 기간이 줄어들 것입니다. 그러나 고통 받는 자신은 아무것도 할 수 없습니다. 그를 고통에 묶어 버리신 하나님의 손만이 그 고통을 끝내실 수 있습니다.

치유나 힘, 또는 죽음조차도 요청하지 마십시오. 죽음을 요청하는 것은 인내가 부족한 것입니다. 자아를 먹여 살릴 음식이나 치유를 요청하는 것은 당신의 고통을 연장시킬 따름입니다. 그러면 무엇을 할 수 있을까요? 아무것도 구하지 마십시오. 아무것도 붙들지 마십시오. 모든 것을 고백하지만, 어떤 위로도 구하지 마시고, 겸손과 순복하고자 하는 열망을 구하십시오.

저를 살아남기 위한 방편이 아니라, 죽기 위한 방편으로 보십시오. 살리는 도구가 그 역할을 하지 못한다면 그 목적을 이루지 못하는 것입니다. 죽음의 도구가 사람들을 죽이는 대신 계속 살아 있게 한다면, 그 이름이 잘못 붙여진 것입니다. 저는 어떠한 연민도 없는 엄격하고 무정하며 냉담한 사람이 되어 당신을 괴롭게 하고 조소하겠습니다. 적어도 그렇게 보이도록 할 것입니다. 하나님께서는 이렇게 하는 것이 진실과 다르다는 것을 아십니다. 하지만 그분은 이런 식으로 나타나는 것을 허락하셨습니다. 저는 저의 사랑과 진정한 도움보다는 이러한 위조된 상상의 인물로 당신을 위해 사용될 것입니다. 요점은 당신이 어떻게 살아남을 것인가가 아니라, 어떻게 모든 것을 잃고 죽을 것인가에 있는 것입니다.

Wrong Motivation

잘못된 동기

고통을 다루는 방식에 있어 당신을 현혹하고 있는 잘못된 것이 있습니다. 겉으로 볼 때 당신은 하나님의 영광만을 생각하고 있는 것처럼 보이지만, 내면 깊이 자리 잡은 아직 정복되지 않은 자기 본성이 당신을 문제에 빠뜨렸습니다. 당신이 하나님께서 영광 받으시기를 원하고 있다고 저는 확신합니다. 그러나 당신은 하나님께서 당신을 완벽하게 하셨다는 간증을 통해 그분의 영광이 표현되어지기를 원하고 있습니다. 보십시오. 이것은 자기 사랑을 먹여 키우는 일입니다. 그것은 자아의 본성의 교묘한 속임입니다.

당신의 결함을 발견하는 것으로부터 정말로 성장하기를 원한다면 그것을 합리화하거나 그 결함으로 인해 자신을 정죄하지 마십시오. 대신 그 결함들을 잠잠히 하나님 앞에 가져가십시오. 모든 것에 대해 그 분과 동의하십시오. 이해하지 못하는 것이라 할지라도.

평안 가운데 거하십시오. 왜냐하면 어떤 일이 일어난다 할지라도 하나님께서 당신에게 원하시는 것은 평안이기 때문입니다. 실제로 죄인들이 회개할 때 누리게 되는 양심의 평안이 있습니다. 고통은 하나님의 위로로 평화로워지고 완화되어져야 합니다. 전에 당신을 기쁘게 해 주었던 놀라운 하나님의 말씀을 기억하십시오 — 여호와는 요란함과 혼돈 가운데 계시지 아니하고, 조용하고 작은 음성 가운데 계십니다 (왕상 19:11).

Dealing With Your Faults

자신의 흠을 다루는것

당신의 흠에 대해 걱정하지 마십시오. 당신은 하나님보다는 그분이 주시는 것들을 구하고 있습니다. 저는 방금 경건한 하나님의 사람의 전기를 읽고 경건한 하나님의 사람에 비해 너무나도 불완전한 자신에게 화가 나서, 주 예수 그리스도께 헌신된 삶을 사는 것을 완전히 포기해 버린 사람에 대해 들었습니다. 그와 같이 되지 마십시오! 자신이 얼마나 어리석은지 보게 되면, 당황하고 큰 혼란을 경험하면서 하나님의 임재와 당신 안에서 그분이 온전히 사역하시는 것을 방해하게 됩니다. 자신의 흠을 보는 데서 오는 당황스러움은 그 자체보다 더 큰 문제입니다.

살레스(Fransis de Sales)는 사랑의 대상이 되시는 하나님으로 충만하게 되는 것보다 사랑으로 충만해지는 것이 더 쉽다고 하였습니다. 오직 하나님만 사랑한다면, 당신은 온전히 그분만 생각할 것입니다. 하나님께서 당신을 사랑하신다는 느낌을 얻기에 급급하면, 아직도 당신 자신으로 가득 차 있는 것입니다. 평안할수록, 그리고 당신의 영혼을 더 열어 갈수록, 당신은 더 가까이 주님을 느끼게 될 것입니다.

Live in The Present Moment

현재의 순간을 사십시오

장래에 대해 걱정하지 말고 평강 가운데 사십시오. 불필요하게 염려하며 최악의 시나리오를 상상하는 것은 당신의 믿음을 억누르게 됩니다. 당신에게 어떤 일이 일어날지는 하나님만 아십니다. 사실 당신은 현재의 순간조차 소유하지 못하고 있습니다. 그조차도 하나님께 속했기 때문입니다. 그러므로 그분의 뜻대로 사십시오.

하나님께서는 그날그날 당신에게 필요한 것들을 충분히 공급해 주십니다 ― 공급하시는 것 이상이나 그 이하로 당신에게 기대하지 않으십니다. 누가 주님께 "왜 저에게 이런 일들을 행하십니까"라고 질문할 수 있습니까? 그분은 주님이십니다 ― 그분이 보시기에 선한 것을 행하시도록 허락해 드리십시오. 그분의 지혜롭고 선하신 계획에 당신의 지혜와 계획을 추가할 필요는 전혀 없습니다. 자기 지혜의 열매를 먹는 것은 항상 쓰디쓴 경험입니다. 하나님께서는 그분의 인도를 무시하는 것이 얼마나 불행한 일인지 보여 주시려고 이것을 허락하십니다. 미래는 당신에게 속한 것이 아닙니다. 앞으로도 마찬가지일 것입니다. 내일이 와도 그것은 당신이 상상했던 것과는 다를 것입니다.

세속적인 방식으로부터 자신을 분리해내는 것만으로는 부족합니다. 겸손함이 당신 안에 형성되도록 해야 합니다. 세상의 수단들에서 분리된다는 것은 외부적인 것들로부터 돌아서는 것을 의미합니다. 겸손함이 당신 안에 형성될 때, 자아의 본성으로부터 돌아서게 될 것입니다.

무엇이든 교만은 그 흔적조차도 정복되어야 합니다. 영적인 것들에 대해 많이 안다고 생각하는 교만은 큰 부자가 되는 것보다 더 위험합니다. 교만은 훨씬 더 교묘한 방식으로 당신이 중요한 사람이라고 믿게 만듭니다.

자아의 관심들을 떨쳐 버리십시오. 그리고 오직 하나님의 뜻만 당신 주위에 펼쳐지도록 하십시오. 그분께서 당신을 위해 하시는 모든 것들이 당신에게 선한 것입니다. 모든 것을 알려 하거나 보려 하지 말고 그분을 경배하십시오. 당신이 하고 있는 선한 일들을 계속하십시오. 왜냐하면 당신은 선한 일을 해야 하고 또한 할 수 있다고 느끼기 때문입니다. 그리스도로부터 당신을 흩어 놓으려 하는 것들을 피하십시오. 그리고 당신에게 남은 여분의 에너지가 당신을 문제에 빠뜨리지 않도록 하십시오. 무엇보다도 현재의 순간 속에서 사십시오. 그러면 하나님께서 당신에게 필요한 모든 은혜를 주실 것입니다.

Dealing With Offenses

타인의 공격에 대처하기

당신이 당하는 시험에 당연히 저도 공감합니다. 제가 할 수 있는 길은 오직 하나님께서 당신을 위로해 주시도록 기도하는 것밖에 없습니다. 참으로 필요한 것은 시험 가운데 힘을 주시는 하나님의 영입니다. 그분의 영은 엄청난 힘을 가진 당신의 자연적 본성을 꺾으실 것입니다. 당신이 맞닥뜨린 문제들에 맞서 자신을 방어하려 하는 것은 자연스러운 일입니다. 그러나 당신의 힘으로 그것들과 싸우지는 마십시오. 이 글이 당신의 태생적인 특성에 주의를 기울이게 할 때마다 그것을 하나님께 올려 드려야 합니다. 당신에게 상처 주는 사람들에게 하나님의 자비가 임하기를 간구하십시오. 저는 당신이 이 부분에 매우 민감하다는 것을 항상 감지해 왔습니다.

하나님은 언제나 당신의 연약한 부분을 공격하십니다. 당신이 누군가를 죽이려 할 때 그 사람의 가장 강한 부분을 치지는 않습니다. 당신은 분명 그 사람의 생명의 근원이 되는 치명적인 부분을 목표로 삼을 것입니다. 하나님께서 당신의 옛 자아의 본성을 죽이려 하실 때, 가장 약한 부분, 가장 많이 살아 있는 부분을 건드리십니다. 이것이 바로 하나님께서 당신에게 이러한 시험을 허락하신 이유입니다.

자신을 겸손케 하십시오. 수치스러운 일이 일어났을 때에 잠잠히 평안 가운데 거할 수 있다면 당신은 은혜 안에서 자라날 것입니다. 수천 가지 다른 이유로 당신 자신을 변명하고 싶은 유혹을 받을 것입니다. 그러나 겸손한 침묵이 훨씬 더 바람직합니다. 겸손하기는 하지만 아직도 말을 많이 하는 것에 대해서는 크게 조심할 필요가 있습니다. 말을 내뱉음으로 당신은 자신을 지나치게 많이 위로하게 됩니다.

당신에 대해 하는 말을 들었을 때 너무 당황하지 마십시오. 그냥 세상이 떠들어대게 내버려 두십시오. 그리고 오직 하나님의 뜻대로 행하게 해 달라고 구하십시오. 당신은 절대로 다른 사람들을 온전히 만족시킬 수 없습니다. 또한 그것은 고통스럽게 노력을 기울일 만큼 가치 있는 일도 아닙니다. 잠잠한 평안과 하나님과의 달콤한 교제가 당신을 대적한 모든 악한 말들에 대한 보상이 될 것입니다. 이웃을 사랑하되 그들에게 어떤 우정을 기대하지는 마십시오. 사람들은 오기도 하고 가기도 합니다. 그들이 원하는 대로 하게 내버려

두십시오. 오직 하나님만 바라보십시오. 오직 그분만이 사람들이나 환경을 통해 당신에게 고난도 주시고, 위로도 주십니다. 하나님은 이 모든 것을 당신의 유익을 위해 하십니다.

Ditractions

산만함

새로운 한 해에 은혜와 축복이 가득하길 기도합니다. 당신이 더 이상 이전처럼 내적인 기도를 즐기지 않는다는 것은 그리 놀라운 일이 아닙니다. 모든 즐거움이 다 고갈된 것 같고, 수많은 활동으로 익숙해진 활동적인 성품이 고독 속에 사라질 것입니다. 오랫동안 수많은 외적 활동으로 인해 당신은 산만해져 있습니다. 저는 당신이 하나님의 뜻에 완전히 삶을 헌신하기로 결단할 때 겪게 될 어려움을 알고 있습니다.

처음에는 그 어려움이 아무리 커도 열정 자체로 그것을 잘 헤쳐 나갈 수 있을 것입니다. 강하다고 느낄 때는 무엇이든 할 수 있다고 느낍니다. 낙담될 때에는 아무것도 할 수 없고 모든 것을 잃어버린 것 같습니다. 그러나 이 두 가지 모두 잘못된 것입니다. 당신이 기도 속에서 경험하는 그 어떤 산만한 생각에도 방해받지 마십시오. 이 산만함은 당신이 내적으로 기도하기를 원할 때에도 당신 안에 깊이 자리잡고 있었습니다. 당신의 기질과 습관들은 당신을 매우 활동적으로 만듭니다. 완전히 지쳐버렸을 때에만 더 고요한 삶을 구하게 될 것입니다.

열매를 맺을 때 당신은 산만함의 방해를 덜 받고 점차적으로 더 깊은 내적 삶을 경험하게 될 것입니다. 하나님께서는 어느 곳으로 당신을 인도할지 알려 주시기 위해 이 내적 삶을 미리 맛보게 하십니다. 그 후 그분은 이 놀라운 맛을 거두어 가셔서 이것이 당신에게 속한 것이 아님을 알게 하십니다. 그분이 주시는 모든 것들이 겸손으로 받아야 하는 은혜의 선물임을 기억하십시오.

자신이 지나치게 민감하고 인내심이 부족하며 교만하고 제멋대로라는 사실에 놀라지 마십시오. 이것이 당신의 본성적 기질임을 깨달으십시오. 어거스틴은 매일의 삶 속에서 죄를 고백하는 멍에를 져야 한다고 말합니다. 자신의 연약함과 고집스러움과 스스로 바로잡을 수 없는 무능력함을 느끼는 법을 배우십시오. 자신의 마음에 대해서는 절망하고 오직 하나님께만 소망을 두십시오. 자신을 있는 그대로 받아들이되 자만하며 실제보다 더 좋은 사람이라고 착각하지 마십시오. 당신의 진짜 성품을 보십시오. 그리고 그러한 성품을 변화시켜 주실 하나님의 적절한 때를 기다리십시오. 그분의 권능의 손아래 겸손히 엎드리십시오. 당신의 의지 안에 하나님을 향한 저항이 느껴질 때마다 그분께 자신을 온전히 굴복시키십시오. 최대한 침묵을 훈련하십시오. 서둘러 판단하지 마십시오. 무엇이 좋고 무엇이 싫다는 식의 결정을 내리지 마십시오. 당신의 활동이 너무 급하게 진행될 때 즉시 멈추십시오. 그것이 비록 선한 일이라 하더라도 그 일에 매달리지 마십시오.

Listen To God

하나님께 들으십시오

당신 자아의 본성에 귀 기울지 마십시오. 자기사랑은 한 쪽 귀에서 속삭이고 하나님께서는 다른 한 쪽 귀에서 속삭이십니다. 전자는 쉴 새 없고 대담하고 무언가를 열망하며 무모한 것입니다. 그러나 후자는 단순하고 평온하며 적게 말하면서도 부드럽고 온유한 목소리입니다. 자아의 큰 음성에 귀 기울이는 순간 당신은 거룩한 사랑의 부드러운 목소리를 놓치게 됩니다. 각각의 목소리는 오직 한 가지만을 말하고 있습니다. 자기사랑은 오직 자아에 대해서만 말합니다. 자기에게만 관심을 가져달라고 끊임없이 요구합니다. 자기사랑은 좋게 생각되어질 것들만 말합니다. 자아는 철저한 아첨 이외에는 모든 것에 절망합니다.

하나님의 사랑은 대조적으로 자아가 잊혀져야 한다고 속삭이십니다. 자아를 무시함으로써 하나님께서 모든 것이 되시도록. 하나님께서는 당신을 완전히 채우길 원하시고 그 분 자신이 당신과 완전히 하나로 묶이기를 원하십니다. 자기사랑의 헛된 불평의 말들을 잠잠케 함으로써 당신의 마음이 고요해진 가운데 하나님의 사랑에 귀 기울일 수 있도록 하십시오.

이 땅에 사는 동안 당신은 부분적으로만 이해할 수 있습니다. 자기사랑은 당신의 결함에 근원이자 또한 당신의 결함을 감추는 것이기도 합니다. 자기사랑의 뿌리는 당신에게서 뽑혀 나가야 하고 그럼으로써 어떠한 저항 없이 하나님께서 당신 안에서 다스리셔야 합니다. 하나님의 빛은 당신이 정말 어떤 사람인지 보여주실 것이고 또한 당신을 죄로부터 치유하실 것입니다. 하나님의 순결한 빛 가운데 스스로를 보기 전까지는 당신은 자신의 대해 참으로 알지 못합니다. 당신은 실제로 생각하는 것보다 훨씬 더 자신을 의지하고 있습니다.

하나님의 사랑은, 그 분이 당신을 편견이나 치우침 없이, 또한 아첨이 아닌 진실한 사랑으로 사랑하신다는 것을 명확하게 볼 수 있도록 해 주십니다. 이것이 바로 당신의 이웃뿐만 아니라 당신 자신을 바라보는 방법이 되어야 합니다. 그러나 긴장하지 마십시오. 하나님께서 당신의 연약함을 보여주실 때는 반드시 그 보이는 것을 감당할 수 있도록 용기도 주십니다! 당신의 불완전함을 직면할 능력이 생겨날 때마다, 그것들이 하나하나씩 보여질 것입니다. 하나님께서 당신의 연약함들을 볼 수 있는 은혜를 주시지 않는다면, 그것들에 대해 아는 것은 절망으로 인도할 뿐입니다.

다른 사람들을 훈계해서 교정해 주는 사람은 성령님께서 그들보다 앞서 가시며 사람의 마음을 만지시는 분임을 주의해서 생각해야 합니다. 부드럽게 지적하시는 그 분을 본받으십시오. 사람들은 하나님께서 자신을 정죄하시는 것을 볼 필요가 없습니다. 다만 자신의 마음속에서 무언가 잘못된 행동을 했다는 사실을 깨달아야만 합니다. 사람들이 하나님을 무서운 재판장으로 오해하지 않도록 강압적인 모습을 버리십시오. 당신이 다른 사람의 실수에 대해 분노가 끓어오른다면, 그것은 일반적으로 "의로운 분노"가 아니라 당신의 성급한 성격이 표현된 것에 불과합니다. 이것은 불완전한 자가 불완전한 자를 손가락질하는 경우입니다. 당신 자신을 더 이기적으로 사랑할수록 당신은 더욱 더 비판적인 사람이 될 것입니다. 자기사랑, 그것은 다른 사람들 안에 있는 자기사랑을 발견해내며 그 발견된 자기사랑을 용서하지 못합니다. 거만하고 우쭐되는 마음과 똑같은 마음을 다른 사람에게서도 볼 때 그것은 최고로 불쾌한 일이 됩니다. 그러나 하나님의 사랑은 배려, 인내, 그리고 친절함으로 가득합니다. 하나님의 사랑은 사람들이 자신의 연약함과 죄로부터 한 걸음 한 걸음씩 나올 수 있도록 인도합니다. 당신이 덜 이기적이 될수록 당신은 다른 사람들을 더 잘 배려하게 될 것입니다. 충고하기 전에 오랜 시간을 기다리십시오. 그것이 수년일지라도 말입니다. 하나님께서 마음을 여셔서 받아들일 준비가 되어있는 사람들에게만 충고하십시오. 열매가 익기 전에 열매를 따버린다면 당신은 그것을 완전히 망쳐버리는 것입니다.

당신의 불완전한 친구들은 — 우리 모두가 불완전합니다만 — 당신을 불완전한 방식으로 알 수 있을 따름입니다. 그들은 당신 안에서 당신이 보지 못하는 것들을 보기도 하고 당신이 보는 것들을 수없이 간과하기도 합니다. 그들은 그들의 마음을 상하게 하는 것들을 보는 데는 빠르지만 그들 깊이 감추어진 결함들을 성찰하지는 못합니다. 그들이 최고로 판단을 잘 하였을 때에도 그 판단은 피상적입니다. 잠잠한 가운데 하나님의 음성을 들으십시오. 하나님께서 당신에게 보여주기를 원하시는 것들을 받아들이려 노력하십시오. 하나님께서는 당신이 알아야 할 모든 것들을 보여주실 것입니다. 하나님께 잠잠히 나아가는 일에 신실하십시오. 내면 가운데 들리는 고요하고 작은 음성을 듣는 순간이 바로 침묵해야 할 순간입니다. 이 목소리는 당신의 영혼에 낯설지 않을 것입니다. 이것은 어떤 신비한 것이 아니라 실제적인 것입니다. 당신 내면 깊숙한 곳에서 하나님께 굴복하고 주님을 신뢰하는 법을 배우게 될 것입니다.

Let Go of Anxiety

근심을 떠나 보내십시오

 시냇물이 흘러가는 것처럼 당신이 근심도 흘려보내 버리십시오. 당신이 상상하는 상황들에 대해 증거들을 꾸며대고 있군요! 하나님께서는 당신이 뛰어난 감각을 가졌음에도 불구하고 당신의 바로 앞에 있는 것들조차 보지 못하도록 하십니다. 당신은 전혀 존재하지 않는 것들을 명확하게 본다고 생각합니다. 당신이 하나님께 굴복한다면 그 분께서는 당신의 삶 속에서 영광 받을 것입니다. 마음이 불안한 상태에서는 결코 중요한 결정을 내리지 마십시오. 당신은 명확하게 볼 수 없습니다.

 당신이 잠잠하고 침착할 때 하나님 뜻이 더 선명하게 깨달아 지는 것을 발견할 것입니다. 헌신과 단순함의 미덕으로 돌아가십시오. 하나님께 귀 기울이고 당신 자신에 대해서는 귀머거리가 되십시오. 당신이 잠잠하고 조용한 안식 가운데 있을 때 당신의 영혼 안에 느껴지는 모든 것들을 행하십시오. 그러나 당신이 불안하고 고뇌 가운데 있을 때에도 순탄하게 나갈 수 있다고 가정하는 것은 반드시 실수를 일으키게 됩니다. 어떤 노련한 상담자라 할지라도 당신이 평안을 회복하고 내적인 기도 안에 다시 깊이 들어가기까지는 어떤 결정도 내리지 말라고 말할 것입니다. 옛 본성의 불합리함과 불안함 때문에 고통당하고 있을 때에는 당신 자신을 신뢰하지 마십시오.

당신은 당신이 해야만 하는 일들을 제가 방해하고 있다고 말합니다. 아닙니다! 하나님께서 막으시는 것입니다. 저는 당신을 격려할 생각도 막을 생각도 없습니다. 저는 단지 당신이 하나님을 기쁘게 해 드리길 원합니다. 당신의 옛 자아가 상처받아서 깊은 절망 가운데 떨어질 때 당신이 행동한다면 하나님께서 원하시는 것을 행하는 데 실패할 것은 불 보듯 뻔 한 일입니다. 자신의 행복을 위해서라면 그것이 하나님의 뜻을 거스르는 일이라 할지라도 행하시겠습니까? 하나님께서 막으십니다. 마음의 상처가 아물 때까지 기다리십시오. 하나님께서 제시하실 모든 대안들에 대해 마음을 여십시오. 그분을 위해서라면 그 어떤 것이라도 희생하십시오.

Quiet Leading

잠잠한 인도하심

하나님께서 당신을 지켜 주실 것임을 저는 압니다. 영적 훈련이 즐겁지 않다 할지라도 당신의 건강이 허락하는 한 하나님을 구하는 일에 신실하십시오. 당신은 지금 육의 양식이나 영의 양식 그 어떤 것도 먹을 의욕이 없다는 것을 압니다. 그렇다할지라도 당신은 생존을 위해서 먹어야만 합니다.

가능하다면 신뢰할 수 있는 각 가족들과 교제 시간을 가지는 것이 당신에게 유익할 것입니다. 당신의 대화 상대자에 대해서는 매순간 옳다고 느껴지는 내적 지각에 따라 인도 받으십시오. 하나님께서는 극단적인 감정을 통해 인도하지 않으십니다. 저는 이것을 기쁘게 생각합니다. 고요하며 작은 목소리에 계속적으로 신실하게 귀 기울이십시오.

강한 감정들과 깊은 느낌들 또는 표적들을 구하는 것은 도움이 된다기보다는 오히려 위험스러운 것이 될 수 있습니다. 당신의 공상은 반드시 사라질 것입니다. 만약 당신이 신실하게 하나님 앞에 잠잠히 나아간다면 거의 당신이 알지 못하는 사이에 그분께서 인도하실 것입니다. 그 분과 그 분의 말씀을 양식으로 삼으십시오. 그분을 사랑하십시오. 그러면 제가 더 이상 말할 필요가 없을 것입니다. 왜냐하면 당신이 하나님을 사랑할 때 하는 모든 것들이 잘 진행 될 것이기 때문일 것입니다. 저는 당신에게 달콤하고 감정적인 사랑을 요구하고 있는 것이 아닙니다. 오히려 사랑 그 자체에 단순히 머무는 것을 말합니다. 하나님을 당신 자신보다 우선순위에 두십시오. 그럴 때 세상과 당신의 악한 욕망까지도 근본적으로 변화하기 시작할 것입니다.

Accept Your Weakness

당신의 연약함을 받아 들이십시오

당신이 아프다고 들었습니다. 당신을 매우 아끼고 있는 저로서는 가슴 아픈 일입니다. 그러나 당신에게 병을 허락하신 그 분의 손에 입 맞출 수 없습니다. 당신 또한 저와 함께 그 손에 입 맞출 수 있기를 위해 기도합니다. 당신은 몸을 혹사시켜 왔고 이 일은 그에 따른 결과입니다.

하나님께서는 당신이 얼마나 육신적으로 약한지 보여주실 뿐만 아니라 또한 그분 없이는 당신이 얼마나 영적으로 약한지 보여주실 것입니다. 당신이 철저히 연약하다는 것을 깨달을 때 역설적으로 얼마나 강해질까요. 그 때에는 당신이 잘못된 판단을 내릴 수 있다는 것을 언제라도 믿을 수 있게 될 것입니다. 다른 사람들의 식견에 대해 마음을 여십시오. 독단적인 사람이 되지 마십시오. 단순히 진실을 말하십시오.

다른 사람이 당신을 평가하도록 내버려 두십시오. 그러나 그 누구도 판단하지는 마십시오. 충고를 요청하는 사람들에게만 충고하십시오. 다른 사람들의 결점에 대해 말해줄 때에는 강압적이거나 율법주의적인 태도는 버리십시오. 그리고 스스로 좋은 평판을 얻기 위해 말하지 마십시오.

하나님께서 당신이 그분의 은혜에 신실할 수 있도록 지켜주시기를 기도합니다. "너희 안에 착한 일을 시작하신 이가 예수 그리스도의 날까지 이루시리라." (빌 1: 6) 자신에 대해 인내함으로 견디십시오. 당신을 속상하게 하는 모든 것들을 주님께 올려드리십시오. 고요하고 평안하게 이 일을 행하십시오. 그리고 하루아침에 상황이 변하게 될 것이라고는 기대하지 마십시오.

적게 생각하고 많이 행하십시오. 조심하지 않으면 당신은 너무 많은 지식을 습득하게 되어서 당신의 인생에서 그것을 실천으로 다 옮기지 못하게 될 것입니다. 단순히 어떻게 하면 완전해질 수 있을 것인지 이해함으로써 당신이 완전하다고 생각한다면 그것은 위험한 일입니다. 당신의 모든 아름다운 이론들은 자신에 대해 죽는 것에 도움을 주지 못합니다. 지식은 당신 안에 있는 아담의 생명을 먹여 살립니다. 왜냐하면 당신은 자신이 가진 계시를 은밀한 중에 즐기고 있기 때문입니다. 당신 자신의 능력이나 지식을 절대로 신뢰하지 마십시오. 겸손하십시오. 당신의 옛 본성을 신뢰하지 마십시오.

Let Things Go

내버려 두십시오

당신의 마음은 너무 바쁘고 당신은 너무 논리적이어서 잠잠히 하나님을 아는 상태를 유지하지 못합니다. 만일 당신이 항상 이성적이기만 한다면 그 내면에 하나님께서 말씀하실만한 침묵을 이루어내지 못합니다. 사람들에 대해서 겸손하고 진실하며 단순하도록 하십시오. 하나님 앞에서는 잠잠하고 조용히 하십시오.

당신의 멘토(Mentor)들은 냉철하고 지적이며 비판적입니다. 그러한 사람들은 내면의 영적 생활에 대해 반대합니다. 만약 그들의 말에 조금만 귀 기울인다 하더라도 잠잠하고 단순한 믿음으로부터 떨어지게 될 것입니다. 그들은 지나치게 논리적으로 생각하며 건강하지 못한 호기심을 가지고 있습니다. 오랫동안 굳어진 습관들은 반복되기 쉽습니다. 왜냐하면 당신은 이미 자연스럽게 그들에게 의존하고 있기 때문입니다. 옛 길로 돌아가게 하는 어떤 것이라도 멀리 하십시오.

제가 공부하게 된지 그럭저럭 4개월이 되었습니다. 그러나 저는 얼마든지 공부를 포기할 수 있고 하나님께서 거두어 가길 원하시는 어떤 곳에도 집착하지 않습니다. 아마도 이번 겨울에는 저의 서재에서 보낼 것 같습니다. 저는 이 일에 대해서 매우 조심스럽고 하나님께서 다른 곳으로 인도하시려는 아주 작은 암시에도 귀 기울여야 합니다. 마음은 몸이 움직이는 것만큼이나 빨라야 합니다. 저는 글 쓰는 것과 말하는 것 그리고 이야깃거리가 되는 것 또는 누군가를 설득하는 일들을 별로 하고 싶지 않습니다. 나는 단순히 그 날 그 날을 삽니다. 모든 불편함들을 견디면서 또한 필요할 때는 즐거운 시간을 갖기도 합니다. 저를 대적하여 글을 쓰고 저를 두려워하는 사람들은 슬프게도 속고 있습니다. 하나님께서 그들을 축복하시기를! 저는 그들을 괴롭게 하기 위해 자신의 길에서 벗어나는 그런 어리석은 사람은 아닙니다. 아브라함이 롯에게 말했듯이 : "너의 앞에 온 땅이 있지 아니하냐! 네가 동쪽으로 가면 나는 서쪽으로 가겠다"(창 13:9).

자유로운 자들의 행복이여! 오직 예수님께서만 당신을 자유케 해주십니다. 그 분은 당신을 묶고 있는 모든 결박을 끊으심으로써 당신을 자유케 하십니다. 어떻게 그렇게 하실까요? 그 분의 검은 남편과 아내 그리고 아버지와 아들, 형제와 자매를 나누십니다. 이 세상에 있는 어떤 것이라도 당신에게 의미가 있다면 당신의 자유는 말뿐입니다. 당신은 마치 속박 가운데 있는 새와 같습니다. 당신은 그 속박의 범위 안에서 만날 수 있습니다. 내가 말하는 것이 무슨 의미인지 아시겠습니까? 당신이 인내함으로 얻고자 하는 것은 당신이 잃을까봐 두려워하고 있는 그 모든 것보다 가치 있는 것입니다. 당신이 알고 있는 것에 대해 신실하십시오. 그러면 더 많은 것들을 얻게 될 것입니다. 당신의 마음을 지나치게 신뢰하지 마십시오 – 당신이 그것을 신뢰함으로 길을 잃은 적이 얼마나 많습니까?

제 자신의 마음은 저를 너무나 많이 속여 왔습니다. 그래서 저는 더 이상 마음을 의지하지 않습니다. 단순하십시오. "이 세상의 형적은 지나감이라."(고전 7:31) 당신이 세상을 쫓아 행한다면 세상과 함께 사라질 것입니다. 하나님의 진리는 영원히 남습니다. 그러므로 그 분의 길이 당신을 온전히 주장하도록 하십시오.

다시 한 번 경고합니다. 철학가들을 조심하십시오. 그들은 당신을 함정에 빠뜨릴 것이고 당신이 그들에게 선을 행하려 할지라도 그들은 당신에게 더 큰 해로움을 끼칠 것입니다. 그들의 논쟁은 영원히 계속 됩니다. 그래서 그들은 결코 단순한 진리에 이르지 못합니다. 지식인들은 지혜롭지 못한 호기심을 가지고 있습니다. 그들은 세상을 소유하지 못하고 그것을 파괴하는 정복자들과도 같습니다. 솔로몬은 끝없는 지식들의 허탄함에 대해서 증거했습니다.

하나님께서 격려해 주시지 않는다면 영적인 주제들에 대해서 결코 연구하지 마십시오. 그리고 당신이 사용할 수 있는 것 이상의 지식을 공부하지 마십시오. 기도하는 영혼을 가지고 공부하십시오. 하나님은 진리이시며 또한 사랑이십니다. 당신이 사랑하는 만큼만의 지식을 깨달을 수 있습니다. 진리를 사랑하십시오. 그러면 당신은 진리를 이해하게 될 것입니다. 사랑하지 않는다면 당신은 사랑을 알지 못합니다. 겸손한 마음으로 사랑하십시오. 그러면 진리가 당신을 사랑할 것입니다. 당신은 철학자들이 모르는 것을 알게 될 것이고 철학자들이 알기를 원치 않는 것까지도 알게 될 것입니다. 저는 당신이 어린 아기들과 마음이 단순한 사람들을 위해 예비된 지식을 얻기를 원합니다. 그러한 지식은 현명하고 신중한 사람들에게는 감추어진 것입니다.

Avoid Spiritual Busybodies

영적인 참견자들을 피하십시오

당신이 시난빈에 말했던 그 사람에게서 당신이 찾고 있던 자질들을 발견했다니 기쁩니다. 하나님께서는 그 분이 기뻐하시는 것을 그 분이 기뻐하시는 곳에 두십니다. 하나님께서는 많은 다른 사람들과 환경들을 통해서 도움과 빛을 보내 주십니다. 이것이 당신에게 문제가 됩니까? 하나님께서 당신에게 도움을 보내 주고 계시다는 사실을 안다면, 어떤 방식으로 도움을 보내시는 가에 집중할 필요가 없습니다. 하나님의 방식은 우리의 것보다 훨씬 차원이 높습니다.

그 분의 길을 신뢰하십시오. 그러면 당신은 겸손과 단순함 안에 자라날 것입니다. 주님은 당신 안에는, 그리고 당신 홀로는 어떠한 능력도 없음을 보여주실 것입니다. 그 분이 주시는 것을 받고 그분의 영을 의지하십시오. 하나님의 영은 그 분이 뜻하시는 대로 바람이 부는 것같이 움직이십니다. (요 3:8) 당신은 하나님의 비밀스런 것들에 대해 알 필요가 없습니다. 하나님께서 당신에게 행하라고 보여 주시는 것에 단지 순종하십시오.

생각을 너무 많이 하는 것은 당신을 산만하게 합니다. 만일 당신이 생각들의 덫에 걸린다면, 그 생각들은 바람이 촛불을 꺼뜨리듯 당신 내면의 영적인 감각을 꺼버릴 것입니다. 만약 당신이 이렇게 생각이 많은 사람들과 교제를 해 본다면, 그들의 심령이 얼마나 메말라 있고 그들의 마음이 얼마나 중심에서 멀어져 있는지 알게 될 것입니다. 이런 사람들은 멀리하는 것이 최선책입니다.

저는 또한 내면의 영적 생활을 하는 듯 보이는 사람들을 조심할 것을 경고합니다. 선명한 환상을 보는 것이 진정한 영적 경험이라고 착각하기가 쉽습니다. 주의 깊게 살펴본다면 그들이 외적인 것에 부적절하게 집착하고 있음을 알게 될 것입니다. 아직도 다룸을 받지 못한 채로 남겨진 고집스런 욕망이 하나님 앞에서의 내적 평안과 고요함을 질식시키는 올무로 인도할 것입니다. 듣기 좋은 말을 하지만 내적 여정의 진실한 열매를 보여 주지 못하는 사람들을 멀리하십시오. 그들의 말은 속이는 것입니다. 당신은 그들이 언제나 들떠있고, 흠잡기를 좋아하며, 그들 자신의 생각으로 가득 차 있다는 것을 발견할 것입니다. 이런 영적 참견자들(spiritual busybodies)은 모든 것을 괴롭게 하고, 거의 항상 괴롭힙니다.

Be Satisfied with Today

오늘에 만족하십시오

당신이 오직 하나님만 신뢰함으로 아무리 중요하게 보이는 것일지라도 그 얻을 수 있는 것들을 절대 찾으려고 하지도 말고 이생의 것들에 집착하지도 않도록 기도합니다. 하나님을 온전히 신뢰하십시오. 그 분은 당신을 속이지 않을 것입니다. 그러나 당신의 마음 속에 아직도 숨겨져 있는 어두운 욕망을 신뢰하면 그것이 당신을 속일 것입니다.

당신이 홀로 하나님 앞에 있을 때 겸손한 자세로 또한 단순하게 그 영화로움 가운데 거하십시오. 본성적인 논리로부터 나오는 어떤 것도 하지 마십시오. 확실하다는 느낌도 찾지 마십시오. 더 좋은 것들을 기대하는 것조차 하지 마십시오. 현재의 순간이 당신의 유일한 보물입니다. 왜냐하면 이곳이 하나님의 뜻을 발견할 수 있는 곳이기 때문입니다. 더 좋은 내일을 추구함으로써 오늘을 모욕하지 마십시오! 그와 같은 위로를 찾게 될 때 당신이 실망하는 것은 당연합니다!

Turn Your Back on Yourself

당신 자신에게서 등을 돌리십시오

당신의 유일한 과제는 몸과 마음의 연약함을 감당하는 것입니다. 힘은 연약함 속에서 완전해집니다. 당신 자신으로는 연약할 때 하나님 안에서만은 강하여집니다. 당신의 연약함을 겸손한 심령으로 받아들이면 그것은 당신의 강함이 될 것입니다.

연약함이나 겸손함은 하나님을 신뢰하는 태도가 아니라고 믿고 싶은 유혹이 찾아올 것입니다. 보통, 사람들은 하나님을 신뢰한다면, 하나님을 너무나 사랑해서 모든 것을 그분께 아낌없이 드려야한다고 믿습니다. 영웅적인 희생이 하나님을 신뢰하는 진정한 본보기로 내세워집니다. 그러나 진정 하나님을 신뢰하는 것은 그렇게 멋져 보이는 것만은 아닙니다.

하나님을 신뢰하는 것은 마치 아기가 어머니 품에 안겨있듯이 그렇게 하나님의 사랑 안에 단순하게 안식하는 것입니다. 완전한 신뢰는 당신 자신으로부터 등을 돌려야 한다는 것을 의미합니다. 당신이 등을 돌렸다는 것조차 인식하지 못한 채로 말입니다. 불가능한 것처럼 들리죠, 그렇지 않습니까? 그러나 제가 말하고 싶은 것은 하나님을 온전히 알기는 하지만 실제로 더 깊은 신뢰가 당신 자신에게 없다는 것입니다.

하나님을 신뢰하는 것의 요점은 당신이 좋다고 느끼는 위대한 일을 하는 것이 아니라 당신의 깊은 연약함을 드러내는 어려운 상황 속에서 하나님을 신뢰하는 것입니다. 여기에 당신이 어떤 일에서 실제로 하나님을 신뢰했는지 알 수 있는 방법이 있습니다. 당신은 그 일을 더 이상 생각하지도 않게 되거나 아니면 평안이 부족하다고 느낄 것입니다.

Open Your Heart

당신의 마음을 여십시오

하나님께서 무엇을 원하는지 당신은 마음으로 감지하면서도 그러나 아직도 저항하고 있습니다. 당신이 괴로워하고 있는 것은 당연합니다. 당신은 "하나님께서 원하시는 것을 행하는 것은 불가능합니다."라고 말합니다. 그것은 참으로 절망으로의 초대입니다, 그렇지 않습니까? 당신 자신에 대해 절망하는 것은 원하는 대로 얼마든지 하십시오. 그러나 하나님께 대해서는 절대로 포기하지 마십시오. 당신은 그 분께서 온전히 선하시고 전능하신 것을 압니다. 하나님께서는 당신의 믿음대로 주실 것입니다. 바랄 수 없는 중에 바랐던 아브라함을 보십시오! 이 세상에서 가장 믿기 어려운 일이 제안되었을 때조차도 전혀 주저하지 않았던 마리아를 보십시오!

당신의 마음을 여십시오. 당신은 마음을 너무 꼭 닫아서 이 시점에서 하나님이 당신을 도우실 것을 바라지조차 않고 있습니다. 그런 태도에 어떻게 은혜가 역사할 여지가 있겠습니까? 제가 요청하는 것은 당신이 가르침을 받을 수 있는 심령으로 믿음 안에서 안식하는 것뿐입니다. 자기 자신에게 귀 기울이지 마십시오. 겸손한 마음으로 하나님의 뜻에 맡기십시오. 하나님께서는 당신을 위해 모든 것을 이루실 것입니다. 가장 커 보이고 가장 불가능해 보이는 일들이 알지도 못하는 사이에 성취될 것입니다.

당신의 마음을 힐레 받음으로 당신은 아브라함의 자녀가 됩니다. 아브라함처럼 본토와 당신에게 친숙한 모든 것들로부터 떠나야 하고 어디로 가는지 알지도 못하는 채로 가야만 합니다. 얼마나 큰 축복입니까! 모든 것을 떠나시고, 당신을 질투하시기까지 사랑하시는 하나님께 자신을 올려 드리십시오. 당신 스스로는 피상적인 변화만을 이룰 수 있습니다. 당신은 당신 자신을 모릅니다. 하나님은 당신이 기피하고 있는 문제의 근원을 어디서 찾아야 할지 정확히 아십니다. 자기사랑은 겁쟁이입니다. 자아는 자신을 상하게 하고 죽이기까지 할 용기가 없습니다. 하나님의 손은 전혀 예상치 못한 곳에서 내려치시고 어떤 것도 가리지 못하게 합니다. 하나님께서 치시는 곳에서 당신의 자기사랑은 울부짖을 것입니다. 그 울부짖는 것을 달래기 위해 아무것도 하지 않도록 주의하십시오. 단지 물러나 앉아서 하나님께서 그 분의 일을 행하시도록 허락해 드리십시오. 그 분께서 당신을 수술하시도록 잠잠히 머무십시오. 그러면 그 분이 하시는 일은 성공할 것입니다.

저는 그리스도만을 생각하기 위해서 자신을 완전히 잊어버렸던 세례 요한에 의해 감명 받았습니다. 그는 그의 모든 삶으로 그리스도를 가리킵니다. 당신에게 얼마나 좋은 모범입니까?

Live Out God's Truth

하나님의 진리로
살아 내십시오

성경을 읽을 때 긴 구니 절마다 멈추어서 하나님께서 혹시 말씀하실 지 들어보십시오. 당신이 읽고 있는 부분을 예수님께서 어떻게 실천하셨는지 깊이 생각하십시오. 다른 믿음의 선진들이 어떻게 하나님의 진리를 살아 내었는지 생각하십시오. 무엇이 당신을 진리로 살지 못하도록 막고 있는지 생각해 보십시오. 진리로 살지 못하는 당신의 무능을 감지할 때마다 하나님 앞에 겸손하고 조용하게 나아가십시오. 자신이 얼마나 무능한지 명확하게 보십시오. 하나님께서 그 분의 생명으로 당신 안에 사시도록, 그리고 당신이 스스로 하지 못하는 모든 것을 당신을 위해 하시도록 요청하십시오. 그 분은 당신 안에 시작하신 그 일을 반드시 이루실 것입니다.

예를 들겠습니다. 당신이 요한복음 17장을 읽고 있다고 가정해 봅시다. 예수님께서는 하나님 아버지께 말씀드리고 계십니다: "아버지께서 내게 하라고 주신 일을 내가 이루어 아버지를 이 세상에서 영화롭게 하였사오니." 모든 사람에게는 주어진 그 자신의 일이 있습니다. 그러나 모든 사람이 하나님께서 주신 일을 하고 있는 것은 아닙니다. 교만에서 나온 모든 것, 세속적 관점으로 높여주는 일, 단순히 당신의 옛 본성을 기쁘게 하기 위해서 하는 일은 하나님께서 주신 일들이 아닙니다. 이 모든 종류의 일들은 세상이나 육신, 또는 마귀로부터 온 것입니다.

하나님께서 당신이 하기를 원하시는 것은 당신 안에 그 분의 본성과 어긋나 있는 것들에 대한 일입니다. 그 분께서는 당신의 옛 본성을 그 분 자신의 본성으로 교체하기를 원하십니다. 그 분의 이러한 뜻은 바로 새로운 생각과 소망들을 의미합니다. 여기에 하나님의 일이 있습니다. 당신보다 앞서 살았던 믿음의 선진들의 예를 생각해 보십시오. 그들 중 어떤 이들은 당신보다 큰 어려움을 겪었습니다. 그들도 또한 연약했습니다. 그러나 그들은 영적 경주를 다 마쳤습니다.

절제할 수 없는 성질이 요동할 때, 당신은 하나님을 대신해서 말하고 있는 것이 아닙니다. 그 분의 일은 옛 본성으로부터 돌이키고자 하는 당신의 소망에 의해 당신 안에서 시작됩니다. 나의 하나님, 온유함이 주님의 일이군요! 여기에 주님이 저에게 하라고 주신 일이 있군요.

아마도 하나님께서는 당신이 홀대받는 것에 대해 인내하

도록 부르신 것 같습니다. 기쁘게 감당하십시오. 왜냐하면 그것이 확실히 하나님을 기쁘시게 하는 길이기 때문입니다. 당신은 잘 섬김 받기 위해서 부름 받은 것이 아니라 그 분을 잘 섬기기 위해서 부름 받은 것을 기억하십시오. 당신을 방해하는 모든 것들에 대해 온유함과 인내함으로 배우십시오.

하루하루가 수많은 문제들로 가득 차 있고 당신은 그것들을 다루는 법을 배우게 될 것입니다. 이 모든 각각의 사건들은 당신에게 하나님의 임재 안에 사는 법을 가르쳐줄 것입니다. 당신의 선한 의도들이 당신 안에 생명의 감각을 만들어 내지 못한다면 그 선한 의도들을 믿지 마십시오. 온유하고 겸손해지기를 구하십시오. 만약 당신이 무엇인가 잘못된 일을 하고 그것이 당신에게 영향을 미친다면, 조용히 그것에 대해 회개하십시오. 지나친 말 등으로 다른 사람에게 잘못했다면, 이제는 친절한 태도로 바꾸십시오. 하나님께서 당신을 얼마나 부드럽고 끈기 있게 다루고 계시는지 기억하십시오. 하나님께서 당신을 다루시는 것을 보고 그것으로부터 다른 사람들에게 어떤 태도를 취할 지를 배우십시오. 당신의 실수로 인해 낙담하지 마십시오. 지속적으로 하나님께로 돌이키십시오.

Cultivating Silence

침묵수련

단순히 하나님 앞에 잠잠히 나아가는 것이 걱정하거나 지나치게 종교적이 되는 것보다 훨씬 효과적입니다. 침묵은 매우 중요합니다. 완전한 침묵을 발견할 수 없을 때조차도, 당신은 다른 사람들이 대화를 주도해 나가도록 물러나야 합니다. 당신의 옛 본성의 타고난 힘을 억제할 수 있는 최고의 길은 침묵입니다. 당신의 혀를 절제하십시오. 당신 안에 하나님의 임재를 더 많이 인식하게 될수록, 그 분께서 어떻게 당신의 말들과 생각들, 그리고 소원들을 제어하실 수 있는지 알게 될 것입니다. 이 일은 점진적으로 일어납니다. 그러므로 다른 사람들에게 뿐만 아니라 자신에게도 인내하십시오.

일반적인 예의에 어긋나지 않는 한 최대한 침묵을 연습하려고 노력하십시오. 침묵은 하나님의 임재로 나아가는 것을 도와주고, 거친 말을 방지하고, 당신이 후회할 말들을 덜 하도록 해 줍니다. 침묵은 또한 당신과 세상 사이에 일정한 간격을 둘 수 있도록 도와줍니다. 당신이 수련하는 침묵으로부터, 필요를 충족시키는 능력을 발견할 것입니다.

침묵을 얼마나 많이 수련하는가는 중요하지 않습니다. 당신 자신으로 하여금 당신의 의지를 거스르게 만드는 혼란스러운 상황이 여전히 많이 있을 것입니다. 하나님께서는 당신이 많은 기도시간을 갖기를 원한다는 것을 아십니다. 그러나 그 분께서는 여전히 기도를 방해하는 것들에 당신이 둘러싸이도록 허락하셨습니다.

자신이 하기로 결정한 기도의 달콤함보다 하나님의 뜻을 더 사랑하는 것을 배우십시오. 하나님을 사랑하기 위해 옷장 속에서까지 기도할 필요가 없다는 것을 당신은 잘 알고 있습니다. 하나님께서 당신에게 시간을 주실 때, 그 시간을 기도의 시간으로 취하십시오. 시간이 없을 때에는 그것으로 만족하십시오. 어떠한 외적인 표시 없이, 그 분께 당신의 영혼을 올려 드리십시오. 꼭 필요할 때만 말하십시오. 당신의 삶을 가로지르는 가장 힘든 일들을 감당하십시오. 당신에게 더 많은 빛이 필요하긴 하지만 그것보다 더 자신을 부인하는 것이 필요합니다. 침묵을 지키는 데 신실하십시오. 그러면 당신이 말할 때, 하나님께서 악으로부터 보호해 주실 것입니다.

하나님께서 당신을 위해 선택하신 것을 받아들이십시오. 이것은 당신이 스스로를 위해 선택한 것보다 더 중요합니다.

왜냐하면 당신은 스스로에 대해 지나치게 관대하기 때문입니다. 매일 매일 자신을 하나님께 드리십시오. 마치 어머니가 그의 아이를 안아 옮기듯이 하나님께서 그 분의 팔로 당신을 안아 옮기실 것입니다. 믿으십시오. 소망하십시오. 그리고 아이처럼 사랑하십시오. 하늘에 계신 당신의 아버지를 사랑과 신뢰의 눈으로 바라보십시오.

Live Moment by Moment

순간순간을 살아가십시오

전혀 변하지 않을 것 같은 상황에 직면했을 때도 평안할 수 있다는 것은 하나님의 위대한 선물입니다. 당신의 현재 상황들 중에 까다롭고 불편한 것들을 감당하십시오. 그것들을 하나님께서 당신의 성장을 위해 계획하신 실습 기회들로 보십시오. 하나님께서는 절망하지 않고 이 어려운 상황들을 감당하도록 가르치고 계십니다. 당신의 감정은 가라 앉아 있을지 모르지만, 당신의 속사람은 강건해 지고 있습니다. 평안할 수 있는 상식적인 이유가 전혀 없을 때 주어진 이런 평안은 무엇보다 소중한 것입니다.

상황이 얼마나 어렵던 간에 그 모든 상황을 기꺼이 받아들이는 것은 놀라운 일입니다. "이것은 내 능력 밖이야, 나는 이것을 감당할 수 없어."라고 절대 말하지 않는 것이 좋습니다. 전능하신 분을 의지하십시오. 하나님의 손이 당신을 붙드십니다. 너무 멀리 있는 앞의 일을 보려고 하지 말고, 그저 단지 순간순간을 하나님 앞에서 사십시오. 신뢰로 가득 찬 마음을 가지고 하나님께 복종하십시오. 하나님께서는 당신을 더 많이 사랑하실수록, 당신을 아껴두지 않으시고 고난을 겪게 하십니다. 그 분께서 당신에게 주시는 위로를 받아들이십시오. 오직 그분의 뜻을 행하기 위해 사십시오.

Work Out Your Salvation

당신의 구원을 이루어 가십시오

작은 일에 있어서도 하나님께 신실하십시오. 대부분의 사람들은 그들의 나쁜 습관을 후회하는 데 인생 대부분을 허비합니다. 그들은 새 생명으로 다시 태어나는 것에 대해 말하지만 실제로는 결코 그들 자신의 구원을 이루어 가는 일에 착수하지 않습니다. 매 순간마다 당신은 당신의 구원 속으로 더 충만히 들어갈 특권이 있습니다. 하나님께서 매 순간들을 허락해 주실 때, 그것을 사용하십시오. 당신에게 내일에 대한 보장은 없습니다.

하나님께 귀 기울이십시오. 그 분의 임재 안에 사십시오. 그리고 그 분으로부터 멀어지게 하는 것들을 피하십시오. 당신 안에 있는 그 분을 발견하고, 그 분께 당신의 마음을 쏟아 내십시오. 모든 것보다 하나님을 사랑하십시오. 그 분의 뜻에 당신의 계획을 순복해 드리십시오. 그분이 당신을 위해 원하시는 것이 무엇인지 발견하고 속히 그 일을 행하십시오.

작은 것이라 할지라도 그것이 하나님의 뜻대로 행해질 때, 그 작은 것이 큰 것이 됩니다.

하나님께서 요구하셨다면, 요구하신 그것이 얼마나 중요한 일인지 판단하려 하지 마십시오. 하나님께서 사랑으로 당신에게 요구하신 것을 행하시고 그분에게 순종하십시오. 그것이면 충분합니다.

당신의 처한 상황이 얼마나 어렵고 불편해지던 간에, 당신은 그것을 하나님의 손으로부터 모두 받아들였기 때문에 자유 합니다. 가장 위대한 일은 낙담하지 않고 고통을 받아들이는 것입니다.

Turn Toward God

하나님께로 향하십시오

하나님께로 돌이키는 시간이 필요합니다 고정된 기도시간에만 기도하지 마십시오. 더 바빠질수록 당신은 더욱 더 하나님께로 향하는 법을 훈련해야 합니다. 기도하기에 편리한 시간까지 기다린다면, 하나님 앞에 나아가는 매우 작은 시간조차 끝장나 버릴 것은 의심할 여지가 거의 없습니다.

아침과 저녁으로, 하나님 앞으로 나아가도록 힘쓰십시오. 일을 하는 동안, 그리고 일 사이사이에, 기도하십시오. 기도하기 위해서라면 세상의 의미 없는 일들 가운데서 아무리 많이 물러나도 지나치지 않습니다. 이러한 시간들 속에서 짧은 한 순간을 취하여 내는 법을 배우십시오. 이러한 순간들이 당신의 하루 중에서 가장 중요한 부분임을 알게 될 것입니다.

하나님께 그 분을 사랑한다고 말씀드리는데 대해 많은 시간을 드릴 필요는 없습니다. 당신의 심장을 그 분께 드리십시오. 당신의 영혼 깊은 곳에서 그 분을 경배하십시오. 당신이 하는 것 그리고 당신이 겪는 고통을 그 분께 드리십시오. 당신에게 일어난 가장 중요한 일들을 하나님께 말씀드리십시오. 성경을 읽으면서도 마음에 감동이 되었던 부분을 말씀드리십시오. 당신의 신실한 친구에게 매달리십시오. 끝없는 신뢰를 가지고 그 분 안에서 살아가십시오.

사랑으로 가득한 마음으로 그 분께 이야기 하십시오. 당신 안에 있는 하나님의 사랑의 임재를 향해 지속적으로 나아가는 법을 배울 때 당신은 주어진 과업을 감당할 수 있도록 강건해 질 것입니다. 바로 여기에 삶 속에 임하는 하나님의 왕국이 있습니다.

이렇게 내적 생활을 위해 물러나는 시간들이 당신의 급한 성미와 비판적인 본성 그리고 성급함을 해결할 수 있는 유일한 방법입니다. 하나님께로 향하는 것이 당신에게 도움을 줄 것입니다.

그러나 더 자주 나아가는 것이 필요합니다. 하나님께서 당신을 그 분 자신에게로 이끄실 때 완전한 신뢰를 가지고 그 분을 따르십시오. 사랑 받기를 원하는 만큼 그 분을 사랑하십시오. 이것이 지나친 말로 들립니까? 그 분께는 아무리 많은 사랑을 드려도 지나침이 없습니다.

그 분을 사랑할 수 있는 새로운 길을 보여주실 때에는 그렇게 하십시오. 지나치게 많은 계획들과 자기 성찰을 뒤로 한 채 말하고 행하십시오. 당신의 시선을 하나님께 고정하십시오. 그러면 다른 사람을 만족시켜야 한다는 압박감으로부터 자유하게 될 것입니다. 당신이 다른 사람을 더욱 더 만족시켜야 한다는 의무감을 끝낼 때 그것은 멋진 일이 될 것입니다.

Lean Toward Him

그에게 기울어 지십시오

자신을 너무 몰아붙이지는 말고, 가능하면 자주 하나님을 향하고 그 분과 접촉을 갖도록 노력하십시오. 주님께 접촉하려는데 주위가 산만하다면 그때도 역시 계속적으로 그 분 앞으로 나아가도록 하십시오. 방문을 잠그고 방에 혼자 있을 수 있는, 완벽하게 조용한 시간이 될 때까지 기다리지 마십시오. 이렇게 조용한 시간을 찾아내기가 얼마나 어려운지 당신은 알고 있습니다. 하나님을 향하여 이끌림을 받는다고 느끼는 바로 그때가 주님을 향하여 나아갈 때입니다. 사랑과 신뢰로 가득 찬 마음을 가지고 하나님을 의지해 나아가십시오. 운전을 하거나 옷을 입거나 머리를 만질 때 이것을 행하십시오. 식사할 때, 다른 사람들이 이야기 할 때, 주님께로 향하십시오. 예를 들어 업무 회의 중에 대화가 지루할 때, 당신은 불필요한 이야기로 시간을 소모하지 않고 아버지 하나님과 짧은 교제의 시간을 찾아낼 수 있습니다.

기도하기에 편안한 시간이든 아니든 그 가운데 기도할 기회를 찾으십시오. 하루 동안 그리 바쁘지 않은 시간은 기도의 시간으로 사용하십시오. 아주 짧은 쉬는 시간이라도 하나님과 함께 보내는데 쓰십시오. 바느질하는 때라도 당신은 하나님의 임재를 인식할 수 있습니다. 대화중에 있을 때에 하나님의 임재를 인식하기는 좀 더 어렵겠지만, 당신 안에서 당신의 말을 감독하며, 교만과 미움과 자기 사랑으로부터 터져 나오는 말들을 억제하는 그 분을 감지하는 법을 배울 수 있습니다. 이 일을 꾸준하고 신실하게 행하십시오. 스스로에 대해서 인내하십시오.

그 외에 기억할 것은, 당신의 행동을 살피고 무언가 잘못하려 한다면, 돌이키라는 겁니다. 당신이 무언가 잘못했다면, 잘못의 수치를 감당하십시오. 성령께서 당신 안에서 주시는 경고에 즉시로 굴복하십시오. 그 어떤 성급한 잘못이나 인간의 연약함 때문에 저질러지는 잘못보다도, 성령님의 내적 음성에 귀를 닫아버리는 잘못이 훨씬 심각합니다.

당신이 죄를 저질렀다면, 이걸 아십시오. 불안해하거나 당신 자신에 대해 유감스러워 하는 것은 아무 유익이 없다는 것을 말입니다. 당신 자신을 다시 일으켜 세워서 교만한 마음을 잠재우며 계속 나아가십시오.

당신이 잘못했다는 것을 인정하고, 용서를 구하고, 그리고 나서 계속 정진하십시오. 급하게 안달하라는 말이 아니라 다시 일어나서 화평 가운데 계속 정진하라는 뜻입니다. 당신의 실수 때문에 너무 불안해하지 마십시오.

때때로 당신이 하나님께 드리는 것이 그 분은 원하지 않는 것일 때가 많습니다. 그는 보통은 당신이 그에게 드리기 무서워하는 바로 그것을 원하십니다. 그것은 이삭입니다. 당신이 매우 사랑하는 것 바로 그것을 드리기를 원하십니다. 하나님을 우선순위에서 처지게 만드는 것, 그것은 당신과 하나님 사이를 가로막는 것입니다. 다시 말해 당신이 그에게 모든 것을 드리기 전까지는 하나님께서도 쉬지 못하시고 당신도 쉬지 못할 것입니다. 당신이 형통하기를 원하고 하나님의 축복을 누리기 원한다면 그로부터 어떤 것이라도 뒤로 숨기지 마십시오. 당신과 하나님 사이에 아무것도 서 있지 않을 때 바로 그 때 평안과 자유와 힘이 당신에게 있을 것입니다.

Come Out Of Yourself

당신 자신으로 부터 나오십시오

당신이 옛 본성으로서 사는 한, 당신은 인간의 모든 불의한 것들에 대해 열려 있을 수밖에 없습니다. 당신의 기질은 당신으로 하여금 싸움을 벌이도록 할 것이고, 당신의 정열은 이웃들과 충돌하게 할 것이고, 당신의 갈망은 대적의 화살들을 향해 열려 있는 약점과 같을 것입니다. 모든 것이 사방에서 당신을 대적하여 공격할 것입니다. 탐욕스럽고 굶주린 욕망에 가득 찬 군중들의 자비를 기대하며 산다면, 당신은 결코 평화를 발견하지 못할 것입니다. 모든 것이 당신을 괴롭힐 것이기 때문에 당신은 결코 만족하지 못할 것입니다. 당신은 당신이 만지는 곳마다 고통을 느껴서, 지쳐 빠져버린 쓸모없는 사람과 같이 될 것입니다. 당신의 자기 사랑은 끔찍할 정도로 화를 잘 냅니다. 그것은 조금만 모욕을 받아도 '살인자'라고 소리칩니다. 여기에 더해서 다른 사람에 대해서 무감각하고 당신 자신과 다른 사람들의 연약성에 대해서

혐오합니다. 당신은 영원히 서로 고통을 주는 아담의 후손들 중의 하나입니다.

유일한 희망은 당신 자신으로부터 나오는 것입니다. 자신의 유익을 돌아보지 마십시오. 그때서야 "선한 의지를 가진 사람들"을 위하여 예약된 평화를 누리게 될 것입니다. 이런 사람들은 하나님의 뜻 외에는 다른 뜻을 갖지 않습니다. 이런 경지에 이른다면 도대체 무엇이 당신을 해할 수 있겠습니까? 당신은 희망들과 두려움들을 통해서 더 이상 공격받지 않게 될 것입니다. 당신은 걱정하기도하고, 불편해 하기도하고, 괴롭기도 하겠지만 하나님 안에서 안식을 누릴 수 있게 될 것입니다. 당신을 연단하시는 손길을 사랑하십시오. 모든 일들 가운데서, 심지어 십자가로 가고 있는 중에서라도 평화를 찾으십시오. 당신이 가진 것들로 인해 행복해 하십시오. 더 이상의 것들을 소망하지 마십시오. 하나님께 항복하고 진정한 평화를 찾으십시오.

Live Day By Day

하루하루 사십시오

당신의 영적인 여정은 조금은 지나치게 쉼 없고 어려워 보입니다. 단순히 하나님을 신뢰하십시오. 그 분에게 가면, 그 분을 섬기기 위해 필요한 모든 것을 주실 것입니다. 당신은 정말로 하나님께서 그 분의 말씀을 지키신다는 것을 믿어야 합니다. 그 분을 신뢰할수록 그 분은 더 많은 것을 당신에게 주실 수 있습니다. 당신이 횡단할 수 없는 사막 가운데 길을 잃는다면, 빵이 하늘로부터 당신만을 위해서라도 떨어질 것입니다.

하나님을 잃어버릴까봐 두려워하는 것 외에는 아무것도 두려워하지 마십시오. 그리고 하나님을 잃어버릴 것에 대해서도 너무 두려워하지 마십시오. 너무 두려워하면 당신은 불안하고 산만한 마음을 갖게 될 것입니다. 결점과 함께 사는 법을 배우십시오. 그리고 당신의 이웃의 결점에 대해서도 인내하십시오. 당신을 위해 무엇이 최선인지 아십니까? 하나님과 사람에게 정신적으로 영적으로 완벽하게 나타나려고 하는 노력을 중지하십시오. 당신의 잘못이 드러나는 것을 허락치 않는 것에는 세련된 형태의 이기심과 자기만족이 있습니다. 단순하게 하나님과 함께 하십시오. 그 분은 단순한 사람들에게 자신을 드러내어 의사소통 하시기를 기뻐하십니다. 당신 자신의 힘으로가 아니라 완전히 하나님께 항복함으로 하루하루를 사십시오.

Hope And Fear

소망과
두려움

소망과 두려움 사이의 긴장을 다루는 것만큼 어려운 것은 없습니다. 지나치게 민감한 것은 당하는 시험이 자신의 힘으로 감당할 수 없이 크다고 믿도록 유혹합니다. 당신은 당신 자신의 마음의 힘이 어느 정도인지 알지 못하며, 하나님께서 당신을 어느 정도로 연단하시는 지 알지 못합니다. 하나님께서는 모든 것을 알고 계십니다. — 당신 마음의 가장 깊은 비밀들과 그가 얼마나 깊이 당신을 다루어야 할지를. 이 균형을 하나님께서 잡으시도록 맡겨드리는 법을 배우십시오. 이것이 불가능하다고 믿는 것은 바보와 소심한 사람에게나 해당되는 일일 것입니다. 당신을 압도한다고 생각되는 것은 실제로는 단지 당신의 교만과 자기 사랑을 압도하고 있는 것입니다. 그것들은 아무리 깨져도 지나치지 않은 것입니다.

하나님의 임재 가운데 잠잠히 머물러 있는 것을 두려워 마십시오. 그러나 이것이 당신을 영적으로 성숙하게 만들어 줄 것이라고는 생각하지 마십시오. 당신은 하나님의 임재를 당신의 연약함을 다룸 받는 것을 모면하기 위한 탈출구로 사용하지 마십시오. 전심을 다해 기도한다 할지라도 당신의 필수적인 의무들을 무시하지 마십시오. 신실하고 겸손하십시오. 그리고 권위를 가진 분들에게 협조적으로 되십시오.

하나님의 사랑을 향하여 당신의 마음을 열고 그 분의 힘을 받으십시오. 당신의 모든 마음과 모든 영혼을 하나님께 고정시키고 그 분의 뜻에 매달린다면, 그리고 당신에게 요구된 것을 무시하지 않는다면, 당신은 속아 넘어가지 않을 것입니다. 하나님을 따르십시오.

Patience

인내

교만과 유사한 것들, 또는 조롱의 영은 그 사람이 자기 자신으로 가득 차 있다는 것을 나타냅니다. 이런 종류의 사람은 그 자신의 결점을 보지 않고 다른 사람의 어려운 시기에도 자신은 즐거움을 취하려고 합니다. 이것이 최악의 경우에 있어서의 당신의 자기 본성입니다: 쉽게 상처받고, 경멸로 가득 찼으며, 오만하고, 질투하며, 용서하지 못하며, 자비심이 부족합니다.

당신과 나는 완벽하지 않습니다. 당신은 당신의 약점들과 다른 사람들의 약점들에 대해 인내해야 합니다. 당신의 기대치에 있어서 실제적이 되십시오. 그 어느 누구도 단번에 완벽해 질 수는 없습니다. 가장 완벽한 사람들이라 할지라도 많은 불완전성을 가지고 있습니다. — 이것은 당신 역시 많은 약점을 가지고 있다는 뜻입니다! 당신이 다른 사람들의 약점에 대해 인내하지 못한다면 그것은 당신이 얼마나 불완전한가를 보여주는 것에 불과합니다. 당신과 나의 약점은 서로 얽혀서 일을 어렵게 만들 수 있습니다! 그러나 우리는 서로 서로에 대해 참고 관대하게 대함으로써 그리스도의 법을 성취할 수 있습니다.

이와는 반대로, 당신의 약점과 다른 사람들의 약점에 변명하지 마십시오. 당신과 당신이 교제하는 모든 사람들 사이에 잠깐 동안 찾아오는 잘못된 경향에 대해서는 사랑으로서, 인내로서, 또한 자발적으로 간과해 주십시오. 다른 사람들의 결함을 끄집어내지 마십시오. 그렇게 하는 것은 어느 누구도 좋아하지 않으며 사람들로 하여금 옳은 것으로부터 멀리 떨어지도록 해 버립니다. 또 당신은 그렇게 함으로써 다른 사람들의 용기를 꺾어 버려서 하나님을 향해 불안정하게 내딛었던 발걸음으로부터 돌이켜 포기하게 만들 수도 있습니다. 당신의 비판적인 본성을 포기하고 당신 안에 계신 그리스도와 함께 계속 교제하며 머무십시오. 당신 자신과 당신 주위에 있는 사람들이 교만과 이기심을 버리도록 격려하십시오.

하나님 앞에서 단순한 삶을 사십시오. 하나님께서 당신의 삶에 허락하신 것을 받아들이십시오. 그분의 자비가 이 일들이 발생하도록 허락하셨습니다.

당신의 인생을 가로질러 오는 작은 어려움 들이나 문제들로 인해 내적으로 초조해 하지 마십시오. 마치 두통을 그들이 실제 고통스러운 것보다 더 심각하게 여기지 않듯이 그렇게 그것들을 견디십시오. 그러는 와중에도 평소처럼 내적인 기도로 들어가십시오. 당신의 삶에 어려운 일들이 있을 때 기도는 더 어려워 질 것이고 사랑은 덜 부드러워 질 것이고, 하나님의 임재는 쉽게 느끼기 힘들어질 것입니다. 이 연단의 시기 속에서 단지 신실할 수 있는 법을 배우십시오 — 이것이 하나님이 요구하시는 전부입니다. 역풍을 받아가며 1/4 노트(knot)로 항해하는 것이, 순풍을 받아가며 1 노트(knot)로 항해하는 것보다 위대한 힘입니다. 몇몇 사람들이 그들의 부패된 욕구를 다루는 것 같이 당신의 자기 본성의 불평들을 다루십시오. 거기에 귀 기울이지 마시고 마치 그것을 느끼지도 않는다는 듯이 행동하십시오.

Depend On God

하나님을 의지하십시오

있기에 가장 좋은 곳은 하나님께서 당신을 밀어 넣으시는 바로 그곳입니다. 그 외의 다른 곳은 당신이 당신 자신을 위하여 고른 곳이므로 바람직하지 못한 곳입니다. 미래에 대해 너무 많이 생각하지 마십시오. 아직 일어나지 않은 일들에 대해 염려하는 것은 당신 건강에 좋지 않습니다. 하나님 그 분 자신께서 당신을 하루하루 도우실 것입니다. 미래를 위해 무언가를 쌓아둔다는 것은 소용없는 일입니다. 하나님께서 당신을 돌보신다는 것을 믿지 못하십니까?

믿음의 삶은 두 가지를 행합니다: 믿음은 그가 사용하는 모든 것들의 배후에 계시는 하나님을 볼 수 있도록 도와줍니다. 또한 믿음은 다음에 어떤 일이 일어날지 모르는 곳에서 당신을 지켜 줍니다. 믿음을 갖기 위해서 당신은 무엇이 일어나고 있는지, 또는 일어날 지에 대해서 알려고 해서는 안 됩니다. 하나님께서는 그 분 자신만을 시간시간 신뢰하기를 원하십니다. 하나님께서 한 때에 주신 힘은 그 다음 시간까지 계속 지속되도록 의도된 것이 아닙니다. 하나님께서 그분의 일을 돌보시도록 맡겨 드리십시오. 단지 그냥 하나님께서 당신에게 요구하신 것에 신실하십시오. 매 순간마다 하나님을 의지하는 것 – 특별히 모든 것이 어둡고 불확실할 때에 – 이것은 당신의 옛 자아에 대해 참으로 죽는 것입니다. 이런 과정은 너무 느리고 내적으로 일어나는 일이라서 다른 사람들과 마찬가지로 당신 자신에게서도 종종 숨겨져 보이지 않습니다.

하나님께서 당신으로부터 어떤 것을 취하여 가셨다면 그분께서 어떻게 그것을 대체시킬지도 아신다는 것을 확신해야 합니다. 바울이 사막에 혼자 있었을 때, 까마귀 한 마리가 매일 빵 반 덩어리씩 그에게 가져다주었다는 이야기가 있습니다. 만약 바울의 믿음이 흔들렸다면 그는 충분한 빵을 가질 수 있는지 확신할 수 있기를 바랐을 것이고, 그는 까마귀가 이틀 분량에 충분한 빵을 가져오기를 위해 기도했을 것입니다. 당신은 까마귀가 매번 다시 돌아 올 것을 믿나요? 하나님께서 당신에게 주신 것을 그냥 평화롭게 드십시오. "내일 일은 내일 염려할 것이요" (마 6:34) 오늘 당신을 먹이시는 분은 반드시 내일도 먹이실 것입니다.

Inner Calm

내적인 고요함

저는 당신에게 불면증의 문제가 있다고 들었습니다. 평화 속에, 잠들기까지 기다려야 합니다. 잠을 청할 때 만약 공상들이 당신 곁에 떠돌아다니도록 내버려둔다면, 절대 잠이 오지 않을 겁니다. 저는 당신이 쉴 새 없는 뒤척꺼림을 극복하고 평화롭게 잠들 수 있을 만큼 고요해 질 때까지는 당신이 영적으로 성장하고 있다고 생각할 수 없습니다.

하나님께 고요함과 내적인 휴식을 요청하십시오. 저는 당신이 무엇을 생각하고 있는지 압니다 ─ 당신의 공상을 조절하는 것은 당신 자신에게 달려 있지 않다고 생각할 겁니다. 그러나 양해하십시오. 그것은 많은 부분 당신 자신에게 달려 있습니다! 당신이 조절할 수 있는 쉴 새 없고, 쓸 데 없는 공상들을 잘라낸다면, 그 비자발적으로 일어나는 생각들을 굉장히 많은 부분 줄일 수 있을 겁니다. 당신 편에서 당신이 제멋대로 일어나는 생각들을 격려해 주지만 않는다면 하나님께서 당신의 상상력을 인도해 주실 것입니다.

평화 안에 사십시오. 당신의 상상력은 너무나 활동적입니다. 그것은 당신을 집어삼킬 것입니다! 당신의 내적 생명은 굶주림으로 죽을 것입니다. 당신 마음 안에서 윙윙거리면서 시끄러운 소리를 내는 모든 것들은 벌집 안에 있는 벌들과도 같습니다. 당신이 이런 소음을 만들어 낼 때, 어떻게 하나님께서 부드럽고 내적인 음성으로 말씀하실 것을 기대할 수 있겠습니까? 조용히 하십시오. 그러면 하나님께서 말씀하시는 것을 들을 것입니다. 예수님의 평화 안에 사십시오.

Misunderstanding Prayer

기도를
오해 하는것

어떤 대가를 치르고서라도 기도와 하나님과의 내적인 교제로 돌아오십시오. 당신은 하나님께서 그것을 원하시는지 알지도 못한 채로 자신의 소망을 쫓아감으로 말미암아 영혼을 시들게 했습니다.

거미줄처럼 얽힌 계획을 짜느라 시간을 허비하지 마십시오 — 그것은 바람이 한 번 불면 날아가 버립니다. 당신은 하나님으로부터 물러나버렸고 이제 당신은 하나님께서 그 분의 임재에 대한 감각을 거두어 버리셨다는 것을 발견했습니다. 그 분에게로 돌이켜서 어떤 기약도 하지 말고 그 분에게 모든 것을 드리십시오. 그렇지 않으면 당신에게 어떤 평화도 없을 것입니다. 당신의 모든 계획을 버리십시오 — 하나님께서 당신에게 그 분이 보시기에 최고의 것을 행하실 것입니다.

당신이 세속적인 수단으로 당신의 계획을 달성할 수 있다

할지라도 하나님께서는 그것들을 축복하지 않을 것입니다. 얽히고설킨 어수선한 것들을 그분에게 드리십시오. 그러면 하나님께서 그것들을 그 분의 자비로운 목적을 향한 방향으로 바꾸어 주실 것입니다. 하나님께서 당신에게 주신 것이든 아니든 또 당신이 절실하게 갈망하는 것이든 아니든, 떠나보내는 법을 배우십시오. 가장 중요한 것은 하나님과의 친교로 돌아오는 것입니다 — 그것이 메마르게 보이고, 당신의 마음이 쉽게 산만해 진다 하더라도 말입니다.

Don't Escape

탈출하지 마십시오

당신이 있는 괴로운 상황에서 탈출하기 위해서 당신의 일상적 활동에 너무 지나치게 자신을 던질까봐 두렵습니다. 하루 중에 하나님께 가서 당신 안에 있는 그 분의 임재를 새롭게 할 필요가 있습니다.

하나님의 평화 안에 사십시오. 내적으로 주님을 바라보는 동안에 당신에게 요구되는 것을 하십시오. 그 분만이 당신의 사랑을 받아 마땅하십니다.

당신의 옛 본성이 당신이 무언가 하도록 자극할 때마다, 즉시로 그것의 제안으로부터 돌이켜 벗어나십시오. 그러면 하나님의 은혜가 당신이 죄에 빠지는 것을 막아 주실 수 있습니다.

매번 당신의 옛 본성에 협조하지 마십시오. 당신의 자아의 본성이 당신에게 제시하는 모든 계획에 대해 제지하는 법을 배우십시오. 이러한 모든 악한 연합으로부터 돌이키십시오.

당신이 이런 식으로 신실하다면, 그것은 당신의 영과 혼뿐만 아니라 몸에도 유익을 줄 것입니다. 당신의 의무를 무시하지 마십시오. 그러나 그것으로 인해 소모되지는 마십시오.

Self-Knowledge

자기 인식

당신 자신으로부터 건짐 받기 위해 하나님을 기다릴 동안, 당신은 당신이 어떠한 사람인지 유심히 관찰할 필요가 있습니다. 당신이 정말 어떤 사람인지 알게 될 때에 놀라지 마십시오 - 인내심 없고, 완고하며, 쉽게 화를 내며, 거만합니다. 당신은 당신 자신을 되는 대로 잘라버리지 말고 당신 자신에 대해 인내하는 법을 배워야 합니다.

당신이 저항하고 있다고 느끼자마자 곧바로 하나님께 굴복하십시오. 할 수 있는 대로 침묵 속에 거하십시오. 당신 자신의 길을 선택하는 것을 피하시고, 될 수 있는 대로 당신의 의견을 물리치십시오. 자신에게서 자기 열심이 가득 찬 것을 볼 때에는 다스리십시오. 어떤 것이 당신에게 선하게 나타난다 하더라도, 너무 빨리 그것을 따라 가지 마십시오.

제가 당신에게서 원하는 것은 하나님을 사랑하는 마음으로 가득 차서 그 분 앞에 앉아 있음으로 오는 마음 중심의 고요함입니다. 외적인 일들에 너무 마음 뺏기지 마십시오. 알맞은 시간에 고요함으로, 조용한 집중으로 당신의 업무를 보십시오. 하나님의 임재 안에서 조용히 일함으로써 당신은 옛 본성으로부터 나오는 쉼 없는 활동에 의한 것보다 더 많은 것을 달성하게 될 것입니다.

Steadiness

안정감

당신의 약점들이 당신을 낙담시키지 못하게 하십시오. 당신 이웃에 대해서와 마찬가지로 당신 자신에 대해서도 인내하십시오. 너무 많은 생각을 하는 것은 당신을 탈진시켜서 실수를 많이 하게 되는 원인이 됩니다. 당신 하루의 모든 상황 가운데서 기도하는 법을 배우십시오. 마치 기도 가운데 있는 것처럼 말하고, 행동하고, 산책하십시오. 어쨌든 당신은 이런 방식으로 살아야 합니다.

너무 흥분되지는 말고 모든 것을 행하십시오. 너무 자기 열망으로 가득 찬 것을 느낄 때, 그 즉시로 하나님 앞에서 자신을 잠잠히 하십시오. 하나님께서 내적으로 조용히 일러주실 때 그 분에게 귀 기울이십시오. 그러고 나서 그 분이 인도하시는 대로만 행하십시오. 이렇게 한다면 당신의 말수는 적어질 것이나, 더 효과적이 될 것입니다. 당신은 고요해질 것이고, 선해질 것이며, 훨씬 더 많은 것을 성취하게 될 것입니다.

계속적으로 무언가를 추론해 내려 노력하라는 말이 아닙니다. 주님께 '무엇을 원하시나요?' 라고 단순하게 물어보십시오. 이런 단순하고 짧은 질문이 길고도 혼란스러운 내적 논쟁 보다 낫습니다.

하나님을 향하여 돌이키십시오. 그러면 당신의 강한 본성적 느낌으로부터 벗어나기가 쉬울 것입니다. 당신 안에 있는 주님을 의지하십시오. 결국은 당신의 삶이 기도가 될 것입니다. 당신은 고통스러울지 모릅니다. 하지만 평화롭게 될 것입니다.

Letting Go

떠나보냄

당신의 분주함, 과도한 호기심, 성공에 대한 갈망 그리고 당신의 자아를 보살피는 것들을 수집하는 버릇들을 떠나보내야 합니다.

이런 것들을 떠나보내는 제일 좋은 방법은 주님의 임재를 경험하기 위해 나아갈 수 있게 하는 내적인 침묵을 수련하는 것입니다. 이것을 당신의 삶에서 매일 행한다면, 당신은 당신 자신을 부정하는 데 진정한 진보를 이루게 될 것입니다.

주님의 임재 안에 앉아 있는 것은 당신을 고요하게 하며, 당신의 성격을 부드럽게 하며, 당신의 모든 것을 다 안다는 듯 한 태도를 겸손케 하며, 당신의 성급함을 규제할 것입니다. 당신은 주님을 인식하게 될 것이고, 또한 당신의 이웃의 필요들을 인식하게 될 것입니다. 하나님은 당신을 아주 민감하게 만드심으로 당신을 축복하셨습니다. 다른 사람들은 별로 개의치 않는 것들이 당신을 존재 중심까지 터치합니다.

당신은 별 것 아닌 것 같은 것들로도 고통스러워하거나 즐거워합니다! 하지만 그러나 저는 당신에게 당신의 좋아하고 또한 싫어하는 것을 배격하라고 경고합니다. 그것이 너무 성미 급하게 표현되어진 이후로는.

Inner Realities

은밀한 현실

당신을 메마르게 하거나 흥분시키는 것이 있다면 어떤 것이라도 피하십시오. 이것을 피하지 않는다면 당신의 기도 생활은 말라버릴 것입니다. 당신이 외적인 것을 위해서만 산다면 당신의 내적 생명을 먹일 수 있을 거라고는 생각하지 마십시오. 당신의 대화에 있어서 밖으로 너무 많이 내뱉어 버리도록 만드는 모든 것을 포기하십시오. 당신이 언제나 말을 많이 한다면 어떻게 내적인 침묵을 수련해 나갈 수 있겠습니까? 당신은 하나님과 세상의 것들을 동시에 원할 수 없습니다. 당신의 기도는 당신이 매일의 삶에서 무엇을 훈련해 나가는가에 의해 영향 받는다는 사실을 깨닫지 못하십니까?

당신의 과도한 열심, 세상 것들에 대한 취향, 당신의 감춰진 야망을 두려워하십시오. 정치나 정당에 대해서 너무 흥분하지 마십시오. 당신이 너무 열중하면, 하나님 앞에서 잠잠히 있는 것이 더 힘들어집니다. 말을 적게 하고 꾸준히 나아가십시오. 흘러가 버릴 말들 대신 행동으로 대체하십시오.

당신의 방황하는 생각들을 다루는 것을 배운 후에는 당신은 하나님께로 가서 당신의 힘을 새롭게 하는 법을 배워야 합니다. 세속의 업무 중에서라도 이것을 행하는 것을 배워야 합니다. 그 분의 부드러우신 인도하심을 구하기 위해 그 분을 계속 응시하십시오. 그러나 너무 소리를 내지 마십시오. 그러면 그분의 음성을 듣지 못할 것입니다.

당신 자신의 길로 가려고 결정할 때는 곧바로 길을 잃게 될 것입니다. 당신이 오직 하나님의 뜻만을 구한다면, 어디서든 길을 찾게 될 것이고, 잘못된 길로 빠지지 않을 것입니다. 하나님께서 원하시는 것을 원하는 것은 언제나 곧은 길로 가게 합니다. 미래는 아직 당신의 것이 아닙니다. 그리고 결코 당신의 것이 되지 않을 것입니다. 현재의 순간을 사십시오. 내일의 은혜는 오늘 주어지지 않습니다. 현재의 순간은 영원한 세계에 들어서는 유일한 지점입니다.

Stop Striving

지나치게 분투하는 것을 멈추십시오

당신은 잘하고 있는데도 더 잘하려고 하고 있습니다. 제가 생각하기에 당신은 당신의 내적인 생명을, 당신 주위의 외적인 것들 — 사회적으로 받아들여지지 않는 — 을 변화시키기 위해 사용하는데 너무 애쓰고 있습니다. 당신이 정말 변하지 않는 영역으로 내려가야 합니다. 당신이 하나님께 당신의 옛 본성의 가장 깊은 뿌리를 다루시도록 허락해 드리지 않을 때 무슨 일이 일어나는지 말씀드리겠습니다. 당신은 비판적이고, 강퍅해지며, 위선적(바리새적)으로 될 것입니다. 당신은 스스로 지정한 규칙에 따라 당신의 행동을 지켜갈 것입니다. 하지만 당신 안의 깊은 곳에서는 변하지 않은 채로 남아 있을 것입니다. 외적으로는 순종하는 것으로 나타날 지라도 — 그러나 내적으로는 당신은 거역의 상태가 될 것입니다. 절대로 이래서는 안 됩니다!

당신의 내적인 생명에 더 주의를 기울이십시오. 당신의 가장 깊고 강한 욕망을 취해서 하나님 손에 놓으십시오. 하나님께서 당신을 완전히 정복하시도록 요청하십시오. 그 분에게 당신의 본성적 거만함, 세속적인 지혜, 가정에 대한 애착, 아무도 당신의 "위대함"을 알아내지 못할 것이라는 당신의 두려움 등을 드리십시오. 또한 당신이 떠나보내기를 원하는데도 잘 버려지지 않는 것들을 다룰 때 나타나는 거친 태도도 또한 하나님께서 다루시도록 맡겨 드리십시오.

당신은 당신의 성격을 이미 신뢰하지 않기 때문에 그 성격은 당신의 가장 큰 문제점은 아닙니다. 당신의 성격을 조절하려고 시도함에도 불구하고, 아직도 잘 되지 않습니다. 이 굴욕은 당신에게 유익합니다. 그러므로 더 위험한 결함에 대해 걱정하십시오. 나는 당신이 종종 명백하게 인내심이 부족하고, 자기 절제가 부족함을 봅니다. 이것은 더 큰 굴욕입니다(이 또한 당신의 교만을 죽이는데 더욱 좋습니다!). 당신이 당신 자신을 절제하는 데 너무 완벽하다면 당신은 거칠고, 판단하며, 너무 쉽게 타인에 대해 화가 치미는 사람이 될 것입니다.

당신의 약점을 통해 타인의 결함에 대해 긍휼히 여기는 것을 배우십시오. 신실한 기도는 당신의 마음을 부드럽게 하고 당신을 온유하고, 친절하고, 하나님의 손 안에 고분고분한 사람이 되도록 만들 것입니다. 당신은 당신이 다른 사람에 대해 비판적인 것처럼 당신에 대해 비판적이 되기를 원하십니까?

당신이 "좋은 평판"에 집착하는 것은 어찌 보면 당연한 일입니다. 당신 자신 안을 면밀히 들여다보십시오. 하나님께 당신 자신을 드림에 있어서 더 이상 선을 넘어가지 않게 하는 제한이 당신 안에 어딘가 있습니다. 당신은 이런 제한 조건들 주위에서 춤추며 그것을 보지 못한다고 믿어버립니다. 그러나 당신이 이런 제한 조건들을 보기로 결심한다면, 당신은 그것들에 대해 무언가 해야 합니다.

하나님께서 당신의 방어선을 무너뜨리실 때, 당신은 재빨리 반응하여 당신 자신을 정당화하는 모든 종류의 변명들을 찾아낼 것입니다. 당신이 무언가를 숨기려고 더욱 애쓸수록, 그것은 더욱 명확히 하나님께 올려드려야 할 것이 됩니다. 당신이 정말 자유 하다면 그것에 대해 논쟁하는데 그렇게 많은 시간을 쓰지 않을 겁니다!

이런 혼란에서 가장 쉽고 편한 방식으로 빠져나오려고 하나님과 협상하지 마십시오. 십자가를 껴안으십시오. 오직 사랑으로만 사십시오. 당신의 자기 사랑을 뿌리까지 제거하기 위해 하나님께서 하실 필요가 있는 일을 하시도록 허락해 드리십시오. 당신 자신 안에서 내적으로 하루 종일 기도하십시오. 기도 안에 사십시오 — 기도가 당신이 하는 모든 것을 터

치하도록 하십시오. 당신과 함께 하시는 하나님의 임재를 인식하십시오 — 당신이 바쁠 때에라도. 이것을 행하십시오. 그러면 평화가 당신의 것이 될 것입니다.

완벽함에 대해 듣고 읽는 것으로 당신이 완벽해지지 않습니다. 중요한 것은 당신 자신에 대해 귀 기울이는 것이 아니라, 조용하게 하나님께 귀 기울이는 것입니다. 어떻게 보일지에 대해 개의치 말고, 조금 이야기하고 많이 행하십시오. 어떤 책이나 사람이 할 수 있는 것보다 하나님께서 더 많이 가르치실 것입니다. 어떻게 하나님을 사랑하며 자기 자신을 부정할 수 있는가를 배우기 위해 학교를 갈 필요가 있습니까? 당신은 실천할 수 있는 것 이상으로 선한 것에 대해 이미 많이 알고 있습니다. 당신에게 필요한 것은 당신이 이미 알고 있는 것을 실천하는 것입니다. 당신이 이미 알고 있는 것을 실천 해 보기 전에 더 많은 지식을 얻으려 노력하지 마십시오.

Avoid Legalism

율법주의를 피하십시오

극도로 엄격한 동시에 완전히 자유 하십시오. 엄격함과 자유함 중, 어느 한 쪽에도 치우치지 않는 법을 배우십시오. 꾸미지 않고 진리를 말하되, 그것으로 경직되지는 마십시오. 엄격하게 되는 쪽에 너무 치우치면 당신은 율법주의자가 될 것입니다. 만약 당신 자신을 위해 숭고한 기준을 붙들지 않고 자유하려고만 한다면, 당신은 게으르고 경솔하게 될 것입니다.

진정으로 신실하려면 당신은 온전히 하나님께 순종해야 합니다. 당신이 가야할 길을 가리켜 주시는 그 빛을 따라 가야 합니다. 모든 일에 있어 하나님을 기쁘시게 할 의도를 가지십시오. 최소한의 순종으로 그저 그럭저럭 지내려고 하지 마십시오. 당신이 할 수 있는 최상의 것으로 하나님을 기쁘시게 하십시오. 당신이 "큰"죄나 "작은"죄를 범했다고 하더라도 그것을 너무 계산해 내려고 애쓰지 마십시오. 모든 것을 하나님께 올려 드리십시오. 그러면 당신의 모든 행동을 스스로 평가할 필요가 없을 것입니다.

당신이 실패했을 때 낙심하지 마십시오. 곧바로 당신을 일으켜 세워서 다시 시작하십시오. 하나님은 당신에게 큰 인내를 가지고 계십니다 — 당신은 자신에게 인내하는 법을 배워야 합니다. 하나님께서는 그분의 때에 당신을 온전케 하실 것입니다. 과거를 돌아보며 무엇이 잘못되었는지 검사하는 것은 아무 소용이 없습니다. 검손함으로 앞에 있는 것을 향해 계속 전진하십시오. 하나님께서는 당신을 불시에 기습하려고 보고 있는 스파이가 아닙니다. 하나님께서는 당신을 해하려고 어둠 속에 숨어 있는 적이 아니십니다. 하나님께서는 당신을 사랑하는 아버지십니다. 그리고 당신이 그분의 선하심을 신뢰할 때 당신을 돕기 원하십니다.

당신은 결코 스스로를 도울 수도 없고, 이 세상의 어떤 다른 사람도 도울 수 없기 때문에, 당신을 도와주실 하나님을 의지하는 것이 훨씬 더 좋습니다. 하나님을 신뢰하심으로 참된 자유의 길을 찾으십시오.

그래서 저는 다시 한 번 엄격함과 자유함은 손을 맞잡고 가야 한다고 말씀드립니다. 난 당신이 자유함보다 엄격함에 치우쳐 있다고 생각합니다. 다른 한편으로는 모든 영역에 있어서 제가 바라는 만큼 엄격하지도 전적으로 순종할 만큼 헌신되어 있지도 않습니다. 하나님을 신뢰하는 법을 배우시고 당신 자신을 그분께 완전히 여는 법을 배우십시오. 하나님께서 당신을 그분 자신께로 이끄실 때, 그분께 완전히 굴복하십시오.

당신 자신을 볼 수 없게 될까봐 두려워 마시고 그분만을 바라보십시오. 당신이 그 사랑의 바다에 온전히 뛰어든다면 얼마나 행복하겠습니까? 겸손한 마음을 가지고 하나님께서 당신에게 쏟아 부어 주시는 모든 은혜를 받으십시오. 아빌라의 테레사(Teresa of Aila)가 말씀하신 것처럼 이렇게 하는 것은 하나님으로부터 오는 새롭고 신선한 선물들과 은사들을 위해 당신을 준비시킬 것입니다.

Loved Ones

사랑하는 사람들

당신이 사랑하는 사람들을 가장 잘 돌보는 길은 그들을 신실하게 하나님께로 이끄는 것입니다. 보이는 것만큼이나 지혜로운 당신은 이런 식으로 행할 것입니다. 오직 하나님만이 당신의 어려운 문제를 해결하실 수 있습니다. 당신 스스로는 어떤 사람도 하나님께로 돌이키도록 확신시킬 수 없습니다. 삶은 어렵고 힘든 시간들로 가득 차 있습니다 — 하나님께서만 그분의 손에 우리의 마음을 붙잡고 계십니다. 하나님께서는 그분을 신뢰하는 모든 사람에게 힘주시듯이 당신에게도 힘주십니다. 당신이 돌보는 양떼를 안전하게 이끌기 원한다면 하나님의 임재 안에 계속적으로 머무십시오. "여호와께서 성을 지키지 아니하시면, 파수꾼의 경성함이 허사로다."(시 127:1)

당신 자신을 잠잠히 하고 하나님께 귀 기울일 때 당신은 하나님께서 말씀하시는 것을 듣게 될 것입니다. 이렇게 하는 것이 시간 낭비처럼 보입니까? 당신 안에 계신 주님을 온전히 의지함으로써 당신은 더 많은 외적 의무들을 달성할 수 있을 것입니다. 하나님의 뜻을 행하기 원한다면, 하나님으로부터 오는 새로운 깨달음으로 당신의 내면을 먹이시길 바랍니다.

Fault Finding

흠 찾아내기

타인의 단점을 다룰 때 당신은 더 넓은 마음이 필요한 것 같습니다. 사람들이 그들의 결점을 즉시 고치지 않을 때 당신은 왜 그렇게 참지 못하십니까? 모든 사람들에게는 결점이 있습니다. 당신이 그 결점들을 볼 수밖에 없고, 당신 주위에 있는 사람들의 마음의 동기들에 대한 의견을 가질 수밖에 없다는 것을 압니다. 만약 당신이 완전하다면, 이들의 허물을 볼 때 불편해 하지 않고 그것에 잘 대처할 수 있을 것입니다.

선한 사람들 안에 있는 결점을 볼 때 놀라지 마십시오. 하나님께서는 우리 모두 안에 연약한 점들을 남겨 놓으셨습니다. 영적으로 앞선 사람들에 있어서 연약함은 삶의 성숙한 측면에 균형을 맞추기 위해 나온 것입니다. 들판에서 일꾼들은 제거된 물질의 양을 측정하기 위해 흙기둥을 남겨 둡니다. 하나님께서도 그분이 온전하게 만들어 가시는 사람들 안에 비슷한 종류의 기둥을 남겨두십시오.

눈에 보이는 약점들을 가진 사람은 결점으로부터 자유한 사람보다 더 영적으로 앞서갈 수 있습니다. "완전한" 사람들은 다른 사람들이 완전하지 않은 이유로 자주 그들의 흠을 찾아내기를 원합니다. 이러한 흠 찾아내기는, 그것이 자신의 흠을 잡는 경우라 할지라도, 혼적인 열심에 불과합니다. 하나님의 길은 완전히 다릅니다. 그분은 때때로 사람들이 그 자신에 대해 만족하지 못하도록 하기 위해, 그들을 흠이 있는 상태로 남겨두십니다. 그들에게 있어서 그들의 연약함에 지배당하기보다는, 실패들을 고쳐나가는 것이 더 쉬울 것입니다.

사람들은 다른 사람들의 약점에 대해서와 마찬가지로 자신들의 약점에 대해서도 참고 지내는 법을 배워야 합니다. 당신이 교정되지 않은 채로 있는 데, 왜 다른 사람들의 결점을 보고 그렇게 흥분하십니까? 사람들이 하나님의 영광을 위해 완전해진 것을 보기 원하는 당신의 동기는 전혀 순수하지 못합니다. 당신의 마음은 너무 까다롭고 굳어 있어 즐거워할 수 없기 때문에 사람들의 결점이 당신을 불편하게 합니다.

당신은 자주 자신의 결점을 수정함으로써 다른 사람들의 결점을 수정할 때보다 더 많이 그들을 도와 줄 수 있습니다.

기억하십시오 — 당신의 경험을 볼 때 꼭 기억해야 합니다 — 당신의 결점들을 하나님께서 수정하시도록 허락해 드리는 것은 쉬운 일이 아니란 걸 말입니다. 사람들에게 인내하십시오 — 하나님께서 그분의 뜻하신 대로 그들에게 일하기를 기다리십시오.

당신은 다른 사람들의 결점에 대해 부드러운 마음과 긍휼이 더 많이 필요합니다. 당신의 마음을 불편하게 하는 모든 것들을 다리 밑의 흐르는 물처럼 흘려보내십시오. 하나님의 임재 안에 사십시오.

Yield Your Will

당신의 의지를 굴복 시키십시오

사랑은 감정에 의존하지 않습니다. 당신의 뜻은 하나님께서 당신에게 원하는 그것을 하는 것입니다. 경건한 방식으로 가정을 이끌고, 자녀를 잘 양육하고, 또한 공허한 쾌락은 내던져 버리십시오. 단순하고 고요하며 겸손케 되기를 구하십시오. 당신의 생명이 그리스도와 함께 하나님 안에 숨기어 지도록 하십시오. 이것이 하나님께서 뒷받침 하시는 삶입니다.

하나님께서 당신에게 어떤 것을 요청하실 때, 거절하지 마십시오. 하나님을 기다리는 것을 배우십시오. 길을 가리켜 주실 때까지 움직이지 마십시오. 날마다 그 날의 문제들이 있을 것입니다. 당신이 이것들에 하루하루 대처해 갈 때, 하나님 안에서 점점 더 깊이 성장해 갈 수 있습니다.

믿음으로 강하게 서십시오. 절대적으로 약하다고 느낄 때, 당신은 자신의 것이 아닌 힘을 발견하게 될 것입니다. 잠시

길에서 벗어나 방황했습니까? 다시 돌아올 때 당신은 겸손을 배우게 될 것입니다. 주님은 당신 영혼의 중심에 계십니다. 할 수 있는 대로 그곳에 계신 주님께로 돌아오십시오. 하나님께 자신을 항복시키십시오. 그리고 당신 자신의 힘으로 사는 것보다는 그분으로 인해 사는 법을 배우십시오. 조금씩 점차적으로, 주님의 힘에 의해 살아가는 것에 대한 이 배움은 당신 안에 펼쳐질 것입니다. 더 이상 당신이 볼 수 있는 것들에 집착하지 않을 것이고, 당신 안에 계신 하나님께 매달리게 될 것이며, 그래서 당신은 하나님과의 깊고 진실한 교제를 찾게 될 것입니다.

Compliments

안부의 말

존귀한 사람들로부터 칭찬을 들을 때 너무 자만하지 않도록 하십시오. 반면에 하나님이 다른 사람들을 통해 당신에게 위로를 보내실 때, 거짓 겸손으로 그것을 거부하지 마십시오.

하나님께서는 당신이 그분으로부터 오는 것을 취하고 다른 것들은 쫓아다니길 원치 않습니다. 당신에게 주어지는 것들을 단순하게 취하십시오. 오직 하나님만 바라보십시오. 하나님께서 당신으로부터 거두어 가시려는 것들이 있을 때, 그것들 없이도 사는 법을 배우십시오. 제가 보기에 하나님께서 당신으로부터 떼어내기를 원하시는 어떤 것들이 있습니다. 당신은 하나님께서 당신을 빚어 가시기 위해 당신에게 다양한 방식으로 반응하도록 허락하시는 것을 아십니까?

두려움 없이 하나님을 신뢰하십시오. 하나님께서 당신을 변화시키시도록 허락해 드릴 때 당신의 연약함을 받아들이는 법울 것입니다. 당신의 결점에 대해 성급한 것과 낙심하는 것은 아무 소용이 없습니다. 하루 중에 가능한 자주 내적으로 하나님 앞에 나아가는 습관을 들이십시오. 이렇게 하는 것은 당신을 평온케 합니다.

Self-Love

이기심

당신은 너무 자의식이 강합니다. 또한 당신의 감정에 의해 지나치게 이끌려 다닙니다. 깊은 평안 가운데 기도를 끝내지만 곧바로 낙담합니다. 평안을 찾게 되기를 원하십니까? 그렇다면 자신에게 집중하지 말고 하나님을 기쁘시게 하는데 더 생각을 집중하십시오.

이기심은 당신 자신에 대해 감상적으로 만들고 당신의 문제들에 지나치게 신경 쓰게 만듭니다. 그러면 당신은 어려운 일들에 대해 염려하는 데 모든 시간을 다 쓰는 자신을 발견하게 될 것입니다. 이러한 모든 염려는 당신의 삶에서 하나님의 임재에 대한 감각을 구름 걷히듯 사라지게 만들 것이며, 그 때 당신은 정말로 낙심하게 될 것입니다. 바울은 "저는 저 자신을 판단하지 않습니다!"(고전 4:3)라고 말했습니다. 그의 충고를 들으십시오. 그러면 훨씬 나아질 것입니다. 하나님께서 당신 안에서 일하시도록 자유로운 통치권을 그

분에게 드리십시오. 그리고 자기 성찰하는데 지나치게 시간을 쏟지 마십시오.

하나님께서 그분이 기뻐하시지 않는 것을 보여주실 것입니다. 그러면 당신이 할 모든 일은 그저 당신이 사랑하는 그분에게 합당치 않은 것으로부터 돌아서는 것입니다. 당신 자신을 붙들고 늘어지는 것을 그만 두십시오!

당신의 옛 본성은 완벽해지길 원합니다. 그것은 모든 방식에서 탁월한 그리스친이 되라고 당신을 몰아붙일 것입니다. 이 덫을 피하십시오. 단순히 주님을 따르십시오. 당신 자신을 현명하고, 강하고, 고결한 여성으로 생각할 필요가 없습니다. 그냥 어린 아이가 되십시오.

A Good Example

좋은
본보기

본을 보이지 않고는 가르침이 효과적일 수 없습니다. 먼저 바르게 행하고 그 후에 말을 하십시오. 인내하십시오. 이것으로 사람들의 죄들을 간과하라는 말이 아닙니다. 느리게 발전하는 사람들 때문에 괴로워하지 말라는 것입니다. 그들에 대해 조바심을 내면 쉽게 그들을 낙담시킬 수 있습니다.

당신이 강압적일수록 당신은 더 온유함과 친절함에 대해서 배울 필요가 있습니다. 당신이 돌보는 사람들의 필요들을 이해하고 그들의 필요에 당신 자신을 맞추도록 노력하십시오. 그들에게 당신의 마음을 보여주는 것은 당신을 그들에게 여는 것이고 그들로 하여금 두려움 없이 그들의 마음을 당신에게 열어도 안전하다는 것을 경험으로 알게 해줍니다. 거칠게 하지 마십시오. 친절하고 신중하십시오. 천천히 그러나 확고하게 결정하십시오. 다른 사람을 바로 잡기 전에 당신 자신을 먼저 바로 잡으십시오.

Daily Life

매일의 삶

한 가지를 하십시오. 당신외 내면 가장 깊은 곳에 있는 선한 것을 향한 본성을 따르십시오. 전에는 악한 것을 따르는 것이 당신에게 자연스러웠습니다. 그러나 이제는 선한 것을 향해 돌이키십시오.

하나님을 섬기는 데 어떤 위험이 있습니까? 회심 이후에 당신의 생명은 그 전보다 더 계속적으로 확장될 것입니다. 여전히 같은 직업을 가지며 같은 일상의 어려움들을 겪을 것입니다. 그러나 당신의 사랑을 받기에 온전히 합당하신 그분을 사랑하는데서 오는 위로가 당신에게 더하여질 것입니다. 하나님께서는 당신이 그분을 위해 일하는 것과 고통당하는 것을 간과하지 않으십니다. 그분은 이생에서조차 당신의 마음을 채우는 평안으로 백배 이상으로 보상해 주실 것입니다. 그것뿐만 아니라 당신은 그와 함께 영원히 살게 될 것입니다.

크리스천으로서 견뎌야 할 것이 무엇이든지 간에 당신은

절대로 이 깊은 내적 평안을 잃어버리지 않습니다. 세상이 이런 것을 당신에게 줄 수 있습니까? 당신도 잘 아시다시피 모든 것을 가진 사람이라 할지라도 여전히 만족하지 못합니다.

무엇을 두려워하십니까? 당신이 가진 모든 것은 마침내 사라질 것입니다. 당신의 소유물들은 당신의 영혼을 채울 수 없습니다. 소유의 공허함에 당신은 지치지 않으셨습니까? 그 소유물들이 당신에게 그들로는 충분하지 않다고 비밀스럽게 말하고 있지는 않습니까? 간단히 말해 그 소유물들이 당신을 현혹시킬지라도 당신은 그것들이 가치 없다는 것을 알고 있습니다.

무엇을 두려워하십니까? 하나님을 발견하는 것이 사모하기에는 지나치게 좋은 것입니까? 하나님을 너무 좋아하게 되어서 이 땅의 소유물들과 이 세상의 것들을 원하지 않을까봐 두렵습니까? 하늘에 계신 당신의 아버지를 향해 지나치게 겸손하고, 지나치게 순결하고 지나치게 감사하게 될까봐 두렵습니까? 아무 것도 두려워 말고 오직 이 발견되지 않은 두려움을 두려워하십시오! 이것은 당신과 하나님, 옳은 것과 잘못된 것, 감사와 배은망덕함, 생명과 죽음 사이에서 머뭇거리게 만드는 세상의 지혜입니다.

당신은 정말로 하나님께서 당신을 완전히 만족시키지 못할 것이라고 생각하십니까? 당신 자신을 신뢰하지 마십시오. 그리고 다른 모든 사람들의 의견도 신뢰하지 마십시오. 당신은 하나님을 사랑하고 그분에 의해 사랑 받도록 만들어졌습니다. 결코 그분을 불신하지 마십시오. 그분은 유일하게 선하신 한 분입니다. 하나님께서는 그 분의 자비 안에서, 당신이 모든 것에 대해 만족하지 못하도록 함으로써 그 분께로만 돌이키도록 하셨습니다.

Reservations

예비된 것들

당신의 삶에서 하나님께서 기뻐하시지 않는 것들에 대해 혐오감을 갖게된 것은 놀라운 것이 아닙니다. 이러한 느낌은 당신의 변화된 마음에서 자연스럽게 흘러나온 것입니다. 당신은 옛날에 흥미를 끌던 것들을 피하는 한편 새롭게 흥미를 끄는 것들에 집중하는 조용한 삶을 원할 수도 있습니다. 이것은 하나님의 뜻이 아닙니다. 그분께서는 당신의 지난 범죄들에 대한 대가로, 과거에 당신에게 흥미를 끌었던 것들을 넌더리나게 만드십니다. 하나님께서는 그분이 보시기에 적당한 때에 이러한 상황에서 당신을 건져 주실 것입니다. 그분 자신의 때에 그것을 행하실 것입니다.

그러는 동안에도 하나님 앞에 정기적으로 나아가십시오. 당신이 질그릇과 같을 지라도 그 안에 하나님의 선물을 운반하는 자임을 기억하십시오! 독서하고, 기도하고, 그리고 당신의 옛 삶의 방식을 불신함을 통해 당신의 내적 생명을 강화하십시오.

당신이 하나님으로부터 아주 멀리 떨어져 살아왔다 할지라도, 당신은 그분께 어린 아이와 같이 나아가는 것을 두려워 할 필요가 없습니다. 그분께 당신이 얼마나 연약하고 불쌍한 존재인지 말씀드리십시오. 그분께 당신이 필요한 것과 당신을 괴롭게 하는 것들을 말씀드리십시오. 심지어 때때로 당신은 그분을 섬기는 것이 그리 흥분되지는 않는다고 말씀드릴 수노 있습니다. 그분께 아무리 자유롭고 진실하게 이야기해도 지나치지 않습니다. 하나님께서는 단순한 사람들을 좋아하시고 그들과 자주 이야기하십니다. 당신의 거창한 모든 생각들을 내려놓고 단지 그분에게 솔직해 지십시오. 그분께서 열린 마음으로 당신에게 말씀하시는 것을 들으십시오. 세상에 대해서, 그리고 제멋대로인 당신의 정열에 대해서 귀머거리가 되십시오.

당신이 읽은 책에서 어느 정도 도움을 얻을 수 있을 것입니다. 당신이 읽은 것은 진실 된 것이고 신앙의 좋은 기초를 놓는데 도움을 줄 것입니다. 그러나 책들을 너무 신뢰하지는 마시고, 하나님께서 인도하실 때에는 그것들을 제쳐놓는 법을 배우십시오. 당신의 지성은 좋은 것이지만 그것을 신뢰하지 않는 법을 배우십시오. 그럴 때 그것을 더 잘 사용할 수 있을 것입니다. 어린아이 같이 되십시오. 마음을 하나님께로 향한 채로, 제일 쉬운 일이라도 하십시오.

좋은 친구가 되는 법을 배우십시오. 기꺼이 도우십시오. 모든 수단을 동원하여 당신이 하는 모든 것에서 균형을 유지하십시오. 크리스천으로서의 당신의 삶을 나타낼 만한 타고난 균형 감각이란 것이 있습니다. 거친 성품, 염려, 엄격함이 당신의 대표되는 이미지(trade mark)가 되어서는 안 됩니다. 도리어 사랑으로 살아가는 법을 배우십시오. 당신 안에 계신 주님께서는 당신의 행동을 쉽게 그리고 단순하게 인도하실 것입니다. 또한 당신이 위험한 것에 접근할 때는 경고하실 것입니다.

물론 당신은 다른 사람들이 그러하듯, 질병과 좌절감 등의 문제들로 고통 받을 것입니다. 그러나 당신의 이런 문제들에 대한 태도와 그것들을 감당하는 이유는 하나님을 모르는 사람들과는 매우 다를 것입니다. 당신은 모든 것들 안에서 하나님을 봅니다. 그러나 고통 중에 있는 때만큼 명확하게 하나님을 볼 수 있는 때는 없습니다.

지금까지 살아온 것처럼 사시고 오직 그릇된 것을 피할 수 있도록 그 잘못된 태도만 바꾸십시오. 옳은 것이 무엇인지 그 진리를 붙잡음으로써 아무도 당신을 죄에 빠뜨릴 수 없을 것입니다. 하나님께 드린 당신의 헌신을 흔들리게 할 수 없다는 것을 사람들이 알 때 당신은 좀 더 쉽게 진리의 시간을 가질 수 있게 될 것입니다. 만약 자신을 옳은 길에서 벗어나서 아무렇게나 흘러가도록 내버려 둔다면, 당신은 십중팔구 흔들리게 될 것입니다.

당신 자신의 힘을 신뢰하지 마시고, 당신이 그분을 사랑하기 전에 당신을 영원 전부터 사랑하신 주님을 신뢰하십시오.

Consistency

일관성

저는 언제나 당신이 다음 일로 서둘러 넘어가기 위해 하던 일을 포기하기를 원한다는 것을 알고 있습니다. 아직 당신은 모든 것을 지나치게 분석하기 때문에 일을 끝내는데 너무나 많은 시간이 걸립니다. 당신은 느린 것이 아니라 장황한 것입니다. 당신은 조금이라도 주제에 관련이 있는 모든 것을 동시에 말하고 싶어 합니다. 이렇게 하는 것은 언제나 너무 시간이 오래 걸리고 당신으로 하여금 하나의 일에서 다른 일로 넘어가는 데 너무 서두르게 만듭니다.

간결하도록 노력하십시오. 문제의 핵심에 도달하고 그 외에 필수적이지 않은 것은 돌아보지 않는 법을 배우십시오. 묵상에 잠기는 데에 당신의 모든 시간을 소모하지 마십시오. 당신에게 정말로 필요한 것은 잠잠히 하나님 앞에 머무르는 것입니다. 그러면 당신의 활동적이고 논쟁적인 마음이 곧 고요해질 것입니다. 하나님께서는 각각의 문제를 단순하게 그리고 명확한 관점으로 바라보는 것을 가르치실 수 있습니다. 단지 두 단어로 당신이 뜻하는 바를 말할 수 있습니다! 그리고 당신이 생각하고 말하는 것을 줄일 때, 당신은 덜 흥분되고 덜 산만해질 것입니다. 그렇지 않으면 당신은 지쳐버릴 것이고 외적인 일들이 당신의 건강뿐만 아니라 당신의 내적 삶까지도 지배하게 것입니다.

이 모든 활동들을 줄이십시오. 내적으로 침묵하십시오. 자주 주님께로 놀아오십시오. 이런 방식으로 당신은 더 많이 성취하게 될 것입니다. 당신 자신의 생각에 귀 기울이는 것보다 하나님께 귀 기울이는 것이 더 중요합니다.

좋은 책을 좋아하는 것으로는 충분치 않습니다. 당신 자신이 좋은 책이 되어야 합니다. 하나님을 가장 잘 아는 사람들에게 당신보다 더 많은 문제들이 있을 수 있습니다. 그러나 그들은 그 와중에서 그들의 평안과 수련된 단순성과 순결함과 내적인 기도를 지켜갑니다.

저는 당신의 분주한 삶이 모든 방면에서 당신을 고갈시킨다고 생각합니다. 당신의 일이 당신을 인도하거나 당신의 삶을 먹어치우지 못하게 하십시오. 하나님 앞에서 자신을 새롭게 하는 시간을 보내십시오. 당신의 업무를 간결하고 잠잠히 행하십시오.

Time Apart

개별적인 시간

당신의 호기심을 자극하는 모든 것들을 포기하고 당신의 마음에 맴도는 것을 고정시킨다면, 하나님과 함께 하는 시간과 당신의 일에 전념하는 시간을 좀 더 넉넉하게 가질 수 있을 것입니다. 기도하는 삶을 살아갈 때, 당신의 사고는 명확해 질 것이며, 당신은 어떤 일이 일어나든지 간에 흔들리지 않는 잠잠한 평안 속에 살게 될 것입니다. 당신의 옛 본성은 지나치게 활동적이며, 충동적이고, 항상 당신이 도달할 수 없는 한계 이상의 것을 위해 분투합니다.

그러나 당신의 영혼 안에서 일하시는 하나님께서는 세상이 건드릴 수 없는 고요하며 신실한 마음을 갖게 하십니다. 저는 당신이 하나님과 적절한 시간을 가짐으로, 당신의 영혼을 새롭게 하시길 바랍니다. 당신의 모든 분주함이 당신을 메마르게 합니다. 예수님께서는 홀로 있기 위해서 제자들을 제쳐놓으시고 그들의 가장 급한 일들을 중단시키셨습니다.

때로는 하나님의 말씀을 듣기 위해 멀리서 온 사람들조차 뒤로하고 떠나 계시기도 했습니다. 저는 당신이 이와 같이 하도록 제안합니다. 당신이 가진 것을 나누어주는 것으로는 충분치 않습니다 — 당신은 하나님으로부터 받는 법 역시 배워야 합니다.

Idle Imagination

무익한 상상

당신은 때때로 무익한 상상이나 이기적인 생각들이 마음에 가득한 채로 기도생활을 영위할 것입니다. 하나님을 기쁘시게 하길 원하는 것과 당신 자신을 기쁘게 하기를 원하는 것 사이에 당신은 찢겨질 지도 모릅니다. 당신의 기도가 왜 그리 힘들고 생명력 없게 되었는지 알고 있습니까?

끊임없는 내면의 싸움으로 당신의 영혼이 고갈되었기 때문에 당신에게 힘을 줄 수 있는 바로 그것, 기도가 힘을 잃게 되었습니다. 이것을 어떻게 바로 잡으시겠습니까? 당신의 산만한 것들을 줄이고 하나님 앞에 머물러 있는 여가 시간을 더 많이 가지십시오.

저는 당신이 공적인 의무를 그만 두는 것을 원하는 게 아닙니다. 저는 당신이 당신을 필요로 하는 사람들을 방문하는 데 충분한 시간을 기울인다고 생각하지는 않습니다. 하지만 여유가 있는 시간에 정말로 당신의 활동을 스스로 재평가 해

봐야 합니다. 당신의 호기심을 너무 만족시키려 하지 말고 당신의 업무의 세부항목들을 최소한의 것으로 유지하십시오. 일을 오래 끌지 말고 다른 사람들의 도움을 받는 기술을 배우십시오. 당신의 여가시간을 들여 다른 사람을 방문하는 것보다, 불쾌한 주제를 연구하는 것이 당신을 더 지치게 합니다. 당신을 산만하게 하는 것들과 항상 분주하게 만드는 것들을 치워 버리면 당신이 기대하는 모든 것들이 하나님 앞에서 고요하게 이루어질 것입니다.

The Future

미래

미래에 대해 너무 염려하지 마십시오. 미래는 하나님께 속했습니다. 그분께서는 모든 것에 대해 책임을 지시고 당신을 온전히 돌보십니다. 앞으로 무슨 일이 일어날 지를 추측하려 한다면 당신은 단지 근심을 쌓게 될 것이고, 닥칠 문제들만 예견하게 될 것입니다. 그 날 하루하루를 사십시오. 각각의 날마다 좋은 일도 있고 나쁜 일도 있지만 하나님의 손에 그것을 맡겨 드리면 악하게 보이는 것이라 할지라도 선하게 바뀌게 됩니다. 당신의 성급함으로 하나님의 목적을 막지 마십시오.

하나님께서는 모든 것에 때를 정해 놓으셨습니다. 조금이라도 그분의 하실 일을 추측하지 마십시오. 당신이 해야 할 가장 중요한 것 중에 하나는 현재의 순간 안에 사는 것입니다. 어떻게 빨리 가느냐가 아니라 어떻게 잘 가느냐가 중요합니다. 하나님께서는 당신이 한 지점에서 다른 지점까지 가는 데 얼마나 시간이 걸릴 지 잘 알고 계십니다. 언제나 당신은 서두를 필요가 없습니다. 단순히 하나님의 인도를 따라가십시오.

당신이 해야 할 모든 것은 온전히 하나님께 당신의 마음을 올려 드리는 것으로 그 마음을 준비해야 합니다. 하나님께서는 그 분이 기뻐하시는 것을 당신과 함께 행하실 것입니다. 당신의 눈을 감고 그분을 따르십시오. 아브라함이 그러했듯이, 갈 바를 알지 못힌 채로 가십시오. 하나님 그분 자신께서 안내자가 되실 것입니다. 하나님께서 광야를 통해 당신을 약속의 땅으로 인도하실 것입니다. 하나님께서 당신의 삶을 완전히 다스리시도록 허락해 드린다면 당신은 굉장히 행복해질 것입니다!

Time

시간

어떻게 시간을 보내야 하는 가는 인생에서 각각의 시기마다 달라질 수 있습니다. 하지만 한 가지 원칙은 모든 시기마다 적용됩니다. 시간을 낭비하지 말라는 것입니다. 매 번의 시기마다 하나님께서 당신에게 정해 주시는 다양한 과제가 있고, 당신의 시간들을 어떻게 사용하였는 지를 하나님께 보고 드려야 할 것입니다. 하나님께서는 당신이 당신 삶의 어떤 시간이라도 목적이 없는 시간으로 보기를 절대 원하지 않으십니다. 그분께서는 당신의 시간을 그분과 상관없이 사용하는 것을 원치 않으십니다.

하나님께서 당신의 시간을 어떻게 사용하길 원하시는 지 아는 것이 중요합니다. 이러한 것들은 힘든 일이나 학습이나 날카로운 지성을 통해 배워지는 것이 아니라 순전하고 올곧은 마음으로 하나님을 추구할 때 알게 됩니다. 당신은 또한 이기심의 체계들을 발견하게 되면 즉시 치워 버려야 합니다.

당신은 아무것도 하지 않으면서 시간을 허비할 뿐만 아니라 잘못된 것을 알면서도 행함으로 시간을 낭비합니다. 당신은 또한 하나님께서 당신에게 요구하지 않으신 "선한" 것으로 보이는 일을 할 때 시간을 낭비하게 됩니다.

하나님의 인도하심을 위해 당신은 지속적으로 하나님의 영을 의지해야 합니다. 만약 하나님께서 원하시는 것에 의문이 생기면 하나님께 다시 한 번 여쭈어 보아야 합니다. 가야 할 길이 명확해지면 그분의 힘으로 전진하십시오. 당신이 하나님께로부터 떨어져 표류하는 것처럼 느껴지면 당신의 마음을 다시 하나님께로 돌이키십시오.

만약 당신 자신을 구세주의 손에 맡겨 드리고 그분이 원하시는 것이 무엇이든 기꺼이 행하려 한다면 당신은 복을 얻을 것입니다. 절대로 하나님께 그분이 당신으로부터 원하시는 것이 무엇인지 묻는 것에 지치지 마십시오.

각각의 책임들이 주어질 때마다 해 내십시오. 하나님께서는 그 책임들을 위해 당신을 준비시키십니다. 당신이 해야 할 유일한 것은 당신의 기질, 의견들, 염려들 — 주어진 일들에 대처하는 본성적 방식 — 을 완전히 하나님께 순복시키는 것입니다. 당신의 외적 업무에 의해 압도당하지 않도록 하십시오.

당신이 행하는 모든 것 중에서 하나님을 영화롭게 하기를 구하십시오. 당신을 온통 골똘히 생각하게 만드는 의무들에 너무 깊이 개인적으로 말려 들어가지 마십시오. 일 때문에 너무 흥분하지도 말고 너무 낙심하지도 마십시오.

다른 사람들과 갖는 사회적인 교제의 시간은 당신에게 위험할 수 있습니다. 당신이 다른 사람들과 함께 있는 동안에도 하나님의 임재 안에 머무는 법을 배워야 합니다. 당신의 대화 속에는 가끔 미묘한 독이 숨겨져 있습니다. 다른 사람들과 함께 보내는 시간에 그들에게 영향을 미쳐 하나님을 향하도록 하는데 사용하십시오. 기억하십시오. 당신의 말은 큰 덕이 되거나 큰 해가 될 수 있습니다.

여가 시간은 즐겁습니다. 하나님과 내적으로 교제함으로써 당신의 힘을 새롭게 하는 것보다 이 여가시간을 더 잘 보내는 방법은 거의 없습니다. 주님과 친밀한 시간을 갖는 비결을 배우십시오. 주님을 친밀히 하는 사람은 모든 가능한 시간마다 주님께로 향하여 그분을 구할 수밖에 없습니다.

Amusements

즐거움

당신의 마음을 하나님께 계속 고정하기만 한다면, 순수한 즐거움들은 해롭지 않습니다. 거칠고, 율법적이고, 완고한 태도는 하나님을 섬기는 것이 지루하고 우울한 삶을 사는 것이라는 잘못된 생각을 굳어지게 만듭니다.

하나님 안에 있는 당신의 삶의 평화와 기쁨을 모든 사람이 볼 수 있도록 흐르게 하십시오. 하나님의 임재 안에서 행해진 가장 평범한 일들도 그분을 섬기는 것입니다. 하나님께서는 단순한 일 일지라도 그분의 질서 안에서 그분의 영광을 위하여 행해지도록 결정하셨습니다. 이것을 잊지 마십시오!

대부분의 사람들은, 하나님을 기쁘시게 하려고 노력할 때에, 하나님께서 그들이 어렵고 범상치 않은 일들을 해내길 원하신다고 예상합니다. 하나님께서는 매일 일어나는 일들 가운데 당신이 당신 자신에 대해 죽고, 하나님께 대하여 살기를 원하십니다. 당신이 회심 이전에 단정하고 도덕적인 삶을 살았다면, 외적인 변화보다는 당신 안의 내적인 변화가 일어나는 것이 훨씬 더 필요합니다.

하나님은 당신의 입술로만 말하는 립 서비스(lip service)를 원하지 않으십니다. 하나님께서 당신의 의지를 빚으시도록 허락해 드리길 원하십니다. 그 어떤 것에도 그분을 거부하지 마십시오. 그분의 뜻 외에는 어떤 것도 원하지 마십시오. 공허할 때마다 그분을 찾으십시오. 그러면 하나님께서는 그분의 은혜로 당신을 채워 주실 것입니다.

가정의 여러 가지 일 등으로, 가장 정신없이 지나가는 시간도 하나님께 바쳐지는 제물이 될 수 있습니다. 모든 것들을 단순히 하나님의 영광을 위해 행할 때에 당신이 얼마나 자유로운지요.

의문을 제기하지 말고 그분의 손으로 당신을 인도하도록 허락해 드리십시오. 당신의 개인적 취향 — 당신의 좋아하는 것들과 싫어하는 것들, 충동들 — 과 상관없이 하나님의 뜻을 받아들이는 것보다 더 단순하고 믿을 만한 것은 없습니다. 당신이 이런 방식으로 살아간다면 당신의 삶은 순탄하면서도 단련될 것입니다.

흘러가는 시간 속에 당신이 하나님으로부터 떨어져 산만해 지기 시작할 때는 하나님께로 돌이키십시오. 당신이 눌리고 지칠 때, 당신을 품기 위하여 손을 내미시는 당신의 아버지께 당신의 곤고한 영혼을 가져가십시오. 당신의 감정이 위 아래로 요동칠 때 그분을 바라보십시오. 그러면 그분이 균형을 잡아줄 것이고, 도움을 줄 때까지 결코 당신을 떠나지 않을 것입니다. 마음의 조용한 움직임으로 그분을 바라보십시오. 그러면 당신은 새 힘을 찾게 될 것입니다. 당신이 낙담했을 때라도 그분이 기대하는 것을 당신이 행할 수 있도록 힘을 주실 것입니다. 그분의 힘이 매일 매일 먹는 빵과 같습니다 — 그분의 힘이 바로 당신의 생명입니다. 하나님께서는 그분의 자녀들을 잊지 않으십니다. 그분은 당신의 마음이 열리기만을 기다리셨다가 그분의 은혜를 억수처럼 부어 주십니다.

한 곳에서 다른 곳으로 행복하게 이동하는 어린 아이를 본 적이 있습니까? 이와 같이 되는 법을 배우십시오. 구속당하든 자유하든 행복해 하십시오. 아무것도 말할 수 없는 때에라도, 그냥 행복하게 침묵하십시오. 나는 당신이 언제나 뭔가 심각한 일들에 사로잡히길 원한다는 것을 알고 있습니다. 그러나 하나님께서는 꼭 이런 삶을 예비하신 것은 아니며, 그분의 취향은 당신의 것보다 더 좋습니다. 바보 같고 하찮은 것들을 말하지 않으려 하는 것은 좋은 일이지만 하나님께서는 당신이 언제나 "중요한" 일들만을 다루어야 한다고 느끼는 자기 의의 만족감을 거두어 가기를 원하십니다. 그러므로 하나님께서는 당신을 별로 진지하지 않은 상황에 개입되도록 하심으로 당신을 실망시키실 것입니다.

당신은 저에게 너무나 공적인 생활방식에서 어떻게 자신을 정결하게 지켜낼 수 있는지 묻습니다. 솔직히 말해 대답은 좀 피상적입니다. 첫째로 읽고 기도하십시오. 이렇게 제안하는 것은 진부해지거나 피상적으로 되려는 것이 아닙니다. 좀 더 많은 지식을 얻기 위해 책을 읽으라는 뜻도 아닙니다. 이 이상 공허한 것이 없습니다! 그것이 아니라, 예수님의 위대한 말씀과 행하심에 대해 읽고, 깊은 침묵 가운데서, 깊이 생각하십시오. 진리를 깨닫고도 당신의 마음이 그 진리로부터 멀어져 방황하면 당황해 하지 말고, 다시 현재순간으로 자신을 돌이키십시오. 이렇게 하는 것이 얼마나 많은 성취를 가져다줄지 알지 못합니다.

둘째는 당신에게 여유가 있을 때, 다른 일에서 물러나 온종일 하나님과 홀로 보내십시오. 모든 마음의 상처들이 치유되고 세상의 모든 오물들이 씻겨 나가게 되는 곳은 바로 예수님의 발아래 입니다.

세째로, 당신이 즐거워하는 모임에 참석하십시오. 단지 당신이 초대받았을 때만 그렇게 하십시오. 사람들에게 다정하게 대하십시오. 그러나 초대를 찾아 나서지는 마십시오. 당신을 지켜보는 사람들, 적어도 이성적인 사람들은, 당신의 사교적인 태도를 보고 기뻐하겠지만, 하지만 당신이 언제나 즐기기만 하는 사람으로 나타나지 않도록 충분히 조심하십시오. 저는 당신이 즐거운 연회에 나타나더라도 경건한 태도를 취해야 하는 것이 당연하다고 생각합니다. 세상의 규칙들을 지키기는 하지만 그것의 방식을 질책하는 사람들에 대해 세상은 비판적입니다. 이렇게 되도록 되어 있습니다!

Walk In His Presence

하나님의 임재 안에 살아가십시오

그리스도인으로서 당신의 삶의 중심은 아브라함에게 주신 "나의 임재 안에 살아가라 그리하면 네가 온전해지리라."는 말씀 안에 포함되어 있습니다. 하나님의 임재는 당신의 영혼을 고요하게 하고 당신에게 안식의 잠을 주시고 마음을 잠잠케 하여 주십니다. 그러나 당신은 그분께 자신을 온전히 드려야 합니다. 하나님을 사랑하고 그분의 임재 안에서 자신을 새롭게 하고 당신의 마음 깊은 곳에서 그분을 찬양하는 것은 시간이 오래 걸리지 않습니다. 하나님의 왕국은 당신 안에 있으며 그 어떤 것도 그 왕국을 방해할 수는 없습니다.

외부적인 산만한 일들과 제멋대로 하는 상상이 평화스러운 내면생활을 방해할 때에는 의지적인 결단으로 하나님 앞에 나아가야 합니다. 당신이 억지로 하나님의 임재 안에 들어갈 수 있다는 것이 아니라, 하나님의 임재 안에 들어가고 싶어 하는 소망, 그 자체만으로도 당신의 영혼에 강력한 도움이 되기 때문입니다. 하나님을 향한 정결하고 올곧은 의지를 수련하십시오.

때때로 하나님께 전적으로 헌신하려는 당신의 가장 깊은 소망들도 다시 일깨워야 합니다. 그분께만 집중된 사랑으로 깊이 묵상하는 시기들이 필요합니다. 이러한 때에는 당신의 감각들을 하나님을 위하여 온전히 구별해야 합니다. 외적인 것이든 내적인 것이든 하나님으로부터 당신을 흩어버리려는 것들에 사로잡히지 마십시오. 하나님으로부터 일단 떨어져 나가면 그분께로 돌이키기가 힘이 듭니다.

어느 때든지 당신이 어떤 일을 지나치게 소원하고 있다는 것을 깨달으면 그 즉시 중단하십시오. 하나님은 혼돈과 무질서 가운데는 거하시지 않습니다. 주위에서 말하고 행동하는 것들에 사로잡히지 마십시오. 사로잡히면 심한 혼란 가운데 빠지게 됩니다. 어떤 주어진 상황에서도 하나님께서 당신에게 기대하시는 것을 찾아내고 그것을 행하는데 엄격하게 매달리십시오. 이렇게 행함으로써 최대한 당신 내면의 영혼의 자유와 평화를 지킬 수 있도록 도움을 받을 수 있을 것입니다. 하나님께로 쉽게 돌이키지 못하도록 방해하는 모든 것은 하나님께서 제거하십니다.

모든 행위들을 마치고 나서는 손을 놓고 마음에서 떠나보내는 것이 잠잠한 영혼의 상태를 유지할 수 있는 탁월한 방법입니다. 했던 일이나 하지 않았던 일에 대해서 계속해서 생각하지 마십시오! 그리고 어떤 것을 잊어버린 것이나 후회할 만한 일을 한 것에 대해 자신을 질책하지 마십시오. 지금 처리해야 하는 일에 대해서만 생각을 집중시킬 수만 있다면 당신은 훨씬 더 행복해지실 것입니다. 어떤 것을 생각해야 하는 바로 그 때에만 그것을 생각하십시오. 그 일을 처리해야 할 시간이 되면 하나님께서 당신에게 말씀해 주실 것입니다. 적절한 시간이 되기 이전인데도 하나님의 뜻을 알아내려고 애쓰면 당신의 마음은 기진맥진하게 될 것입니다.

규칙적으로 하나님께 주의를 기울이는 습관을 갖도록 함으로써 마음 속에서 소요가 일어날 때마다 곧 그것을 잠잠하게 할 수 있을 것입니다. 하나님으로부터 온 것이 아닌 그 어떤 즐거움으로부터도 당신을 끊어 내십시오. 내면에 계신 하나님을 찾도록 구하십시오. 그리하면 분명히 그분을 평안과 기쁨으로 발견하게 될 것입니다. 다른 어떤 것보다 하나님께 사로잡히십시오. 하나님 앞에서 그리고 그분을 위해서 행동하고 있다는 것을 인식하면서 모든 것을 행하십시오. 하나님의 위엄을 바라보기만 해도 당신은 영적 고요함과 행복으로 채워질 것입니다. 주님께서는 한 마디 말씀만으로 바다의 거친 파도를 잠잠케 하였습니다. 당신을 향한 그분의 눈길이, 그분을 바라보는 당신의 눈길이, 그와같이 큰일을 당신에게 이룰 것입니다.

　당신의 마음을 하나님께 올려 드리십시오. 그 분은 당신을 정결케 하시고, 빛을 밝혀 주시고, 길을 제시해 주실 것입니다. 다윗은 "나는 하나님을 언제나 제 앞에 모셨습니다."라고 말했습니다. 그리고 아름다운 말로 반복하기를 "제가 모신 분은 하늘의 하나님뿐이십니다. 그리고 이 땅에서 제가 소망하는 분으로 주님과 비교할 수 있는 사람은 아무도 없습니다." 라고 말했습니다.

　방해받지 않고 방문을 닫고 홀로 기도할 수 있는 시간까지 기다리지 마십시오. 내면의 기도를 갈망하는 순간 그것만으로 하나님의 임재 가운데 들어가기에 충분합니다. 하나님을 향해 그저 단순하게, 그리고 신뢰하는 마음과 친근한 마음을 가지고 돌이키십시오. 심하게 방해받는 순간들일지라도 당신은 하나님 아버지를 향해 돌이킬 수 있습니다. 무익한 이야기로 방해받는 대신에 하나님과 내적으로 교제하는 순간을 찾아냄으로써 안식을 누릴 수가 있습니다. 그럼으로써 하나님을 사랑하는 자들이 어떻게 모든 것들이 협력하여 선을 이루는지 알게 됩니다.

　현재 필요한 것들에 적합한 것을 읽으십시오. 읽어가다가 멈추시고 당신을 인도하시는 하나님의 음성에 귀 기울이십시오. 하나님의 영으로 가득 찬 두세 마디 말씀이 영혼의 양식이 됩니다. 그 말씀들이 잊혀지더라도 그 말씀들은 은밀하게 역사 하시고, 영혼은 말씀들을 양식으로 삼아 점점 강해지게 됩니다.

Rest In God

하나님 안에 안식하십시오

미덕(美德)은 하나님의 뜻을 소망하는 마음에서 자라나기 시작합니다. 그것은 얼마나 많이 알고 있는가의 문제도 아니요, 재능이나 은사가 있느냐의 문제도 아니요, 얼마나 위대한 일을 행하느냐의 문제조차도 아닙니다. 당신이 정말로 필요한 것은 하나님께 온전히 속하기를 갈망하고 있는가 하는 것이 전부입니다. 그러나 당신의 의지가 어떻게 이 경지에 이를 수 있겠습니까? 하나님께서 원하시는 것에 조금씩, 그러나 무조건적으로 순응함으로써 이룰 수 있습니다. 당신은 하나님의 전능하신 뜻에 따라 당신의 연약한 의지를 일치시키는 방법을 배워야 합니다. 이렇게 함으로써 당신은 끝없는 평안과 기쁨을 발견하게 될 것입니다.

모든 일에 하나님을 경배하고, 찬양하고, 송축하십시오. 당신이 하나님을 사랑하기 때문에 하나님께서는 이 세상에 그 어떤 혹독한 시련일지라도 당신에게 유익한 것을 이루는

데 사용하십니다. 그러므로 당신 삶에 정말로 해로운 일이란 더 이상 있을 수 없습니다. 하나님께서 당신의 삶을 정결케 하려고 사용하시는 고난들을 해로운 것이라 말할 수 있습니까? 이러한 고난들이 당신의 인생에서 성취한 것들을 생각해 보십시오.

당신의 모든 염려를 하나님 아버지의 품에 맡겨 드리고 안식하십시오. 모든 일에 있어 기꺼이 하나님의 뜻을 따르고, 그분과 당신의 뜻이 조화와 일치를 이루게 하시도록 기꺼이 허락해 드리십시오. 그 분께서 당신 안에 일하실 때 저항하지 마십시오. 당신 안에 반항심이 올라오는 것을 느낄 때에는 그 분께로 돌이켜서 당신의 거역하는 본성에 대적하여 하나님 편에 서십시오. 그 분께서는 해야 할 것을 아십니다. 당신 안에 계신 성령님을 슬프게 해 드리지 않는 법을 배우십시오. 왜냐하면 그 분께서는 당신의 내면생활을 보고 계시기 때문입니다. 지난 날 저지른 실수로부터 낙심하지 마시고 오히려 그것으로부터 배워 가십시오.

당신 자신의 소망들을 포기하고 그분께서 기뻐하는 것을 행하시도록 허락해 드리는 것보다 어떻게 더 하나님을 영화롭게 할 수 있겠습니까? 당신이 삶의 모든 것들을 다스리시는 하나님의 손만을 바라볼 때, 그리고 외부의 압력이나 내적인 위로가 없을지라도 그 분을 경배할 때, 그 분은 진정으로 당신의 하나님이십니다.

어떤 조건에서는 하나님 섬기기를 원하지만 다른 조건에서는 섬기지 않으려 하는 것은 당신 자신의 방식으로 그 분을 섬기겠다는 것입니다. 그러나 하나님을 향한 당신의 순복에 제한을 두지 않는 것은 진정 당신 자신에 대해 죽는 것입니다. 이것이 정말 하나님을 경배하는 길입니다!

하나님을 향하여 무제한적으로 당신을 개방하십시오. 그 분의 생명이 폭포수처럼 당신을 통해 흐르게 하십시오, 당신이 걷고 있는 여정 중에 아무것도 두려워하지 마십시오. 주님이 손잡아 인도하여 주실 것입니다. 그 분을 향한 사랑으로 당신 스스로 느끼는 두려움을 물리치십시오.

Real Prayer

진정한
기도

진정한 기도란 하나님을 사랑하는 것 그 이상이 아닙니다. 기도는 수많은 말들로 위대해지는 것이 아닙니다. 왜냐하면 하나님께서는 당신이 말하기 전에 마음 깊은 곳의 느낌들을 알고 계시기 때문입니다. 진정한 기도는 영혼으로부터 흘러나옵니다. 당신이 정말로 원하는 것만을 기도하십시오. 만일 당신이 마음 깊은 곳에서 소원하는 것을 외면한다면 당신의 기도는 거짓 속임이 됩니다. 당신은 온종일 소위 "기도"하며 보낼 수 있지만 당신 마음 속의 가장 깊은 곳으로부터의 소원을 기도하지 않는다면 그것은 기도하고 있는 것이 아닙니다.

당신 마음에 진실한 사랑이 있을 때, 그리고 마음속에 하나님께서 주신 소원이 있을 때에는 쉬지 말고 기도하십시오. 영혼 깊숙한 곳에 숨겨진 사랑은, 당신의 마음이 다른 것에 주의를 기울여야 할 필요가 있을 때도, 쉬지 않고 기도합니다. 사랑은 하나님께 당신이 필요한 것을 주시도록 요청하며, 당신의 인간적 연약함보다 진실한 마음에 주목해 달라고 하나님께 요청합니다.

당신 안에 있는 하나님의 사랑은 소멸하는 불처럼 가장 작은 결점조차 제거하고 당신을 정결케 하십니다. 당신 안에 계신 성령님께서는 모든 것을 하나님의 뜻대로 요청하십니다. 당신이 외적인 일들에 분주할 때조차도 당신 안에서 계속해서 타고 있는 불이 있습니다. 이 불은 꺼질 수 없는 것인데, 하나님 보좌 앞에서 언제나 타오르는 램프와 같은 비밀스러운 기도에 힘을 더해 줍니다. "나는 잠이 들어도 나의 마음은 깨어 있다."는 말과도 같습니다.

이 기도자의 영혼을 지키도록 돕는 두 가지가 있습니다. 하나님과 함께 보내도록 정기적인 시간을 떼어놓는 것과 하루 중에 될 수 있으면 많은 시간을 하나님께로 돌이켜 나아가는 것입니다. 당신을 지나치게 산만하게 만드는 사람들이나 당신을 흥분시켜 격정에 빠지게 하는 사람들을 멀리하십시오!

하나님을 향한 신실한 사랑의 첫 번째 열매는 당신이 사랑하는 그 분을 기쁘시게 하기 위하여 할 수 있는 모든 것을 행하고자 하는 진지한 열망입니다. 하나님 앞에서 자신을 사랑하는 것은 가장 쓸모없는 짓입니다. 하나님께서 금하신 것입니다! 어떤 대가를 지불하더라도, 당신은 그분께서 요청하시는 모든 것을 조건 없이 기꺼이 행해야 합니다.

즐거운 시간을 보내기 위해 밖으로 나가기 전에, 당신이 해야 하는 것을 행하십시오. "하나님과 더 많은 시간을 보내야 하는" 의무를 소홀히 하는 사람들은 자신을 속이는 것입니다. 무책임하면서도 그것을 "영적"이라고 말해서는 하나님께 가까이 나아갈 수 없습니다. 하나님과 진정으로 하나 되는 것이란 당신의 느낌이 어떠하든지 간에 그분께서 당신에게 요구하시는 모든 일들을 다 수행하는 것입니다.

하나님을 위한 시간을 꼭 마련하십시오. 중요한 위치에 있는 사람들은 자주 너무 바빠서 하나님과 교제하는 시간을 마지막까지 미루고 싶은 유혹을 받습니다. 어떻게 될까요? 하나님을 위한 시간을 전혀 갖지 못하게 될 것입니다. 굳게 결심하십시오. 그 날의 혼란이 하나님과 함께 보내는 시간을 밀쳐내도록 해서는 안됩니다. 이 말이 지나치게 엄격하게 들릴 수도 있습니다. 하지만 내가 말해야만 하는 이 말에 귀 기울이지 않는다면 당신은 곧 엉망이 되어버릴 것입니다.

Wandering Thoughts

떠돌아 다니는 생각들

 도시간 중에 떠돌아디니는 생가들과 열정의 결핍을 어떻게 다루십니까? 하나님과 함께 홀로 있는 시간을 정기적으로 확보해 놓으십시오. 하나님께 무조건적으로 굴복하는 것을 기꺼이 하십시오. 십자가를 찾아 밖으로 나가지 마시고, 십자가가 찾아오면(그것은 오게 되어 있습니다) 그 시험이 당신으로 하여금 열매 맺을 때까지는 하나님의 일하심을 그냥 흘려보내지 마십시오.

당신은 천성적으로 뒤로 물러나려는 경향이 있지만, 당신의 믿음을 실습하도록 하기 위해 하나님께서 허락하시는 모든 것들을 받아들이십시오. 옳은 일을 할 수 있는 힘이 당신에게 있는 지에 대해 너무 걱정하지 마십시오. 은혜는 당신이 필요로 하는 그 순간에만 부어 집니다. 시험들을 기쁜 마음으로 기꺼이 받아들이십시오.

혼란스러운 생각이 떠돌아다닐 때, 현재의 순간으로 되돌아오시고 구태여 그 생각들과 투쟁하지 마십시오. 현재에 머무르기만 한다면 하나님께서 다시 당신 곁에 계심을 알아차리게 될 것입니다. 당신이 생각 속에서 방황하자마자 곧바로 그 분께로 돌이키고 돌이킬수록, 점점 더 즉시로 지속적이고 친밀한 방식으로 그리스도의 임재 안에 거하는 축복을 누리게 될 것입니다.

당신이 온전히 주님께 드려지면, 비록 많은 일을 하지 않을지라도 당신이 하는 모든 일이 유익할 것입니다. 앞날을 주님께 올려 드리십시오. 그리고 무슨 일이 일어날 것인지를 애써 상상하지도 마십시오. 하나님께서 우리 모두로부터 숨기기로 하신 미래에 대하여 알려고 할 때 그것은 당신의 불신앙을 보여주는 것이 됩니다.

앞날은 그분께 맡겨드리십시오. 자신의 뜻에 대하여는 죽고 당신 자신을 전적으로 그분께 드리는 것이 앞날에 대한 최선의 준비입니다. 자아의 본성이 영혼을 억누르는 힘이 약해질수록, 당신의 영혼은 더 성장해 갈 것입니다. 당신은 다툼과 끝없는 노동으로 가득 찬 인생에 익숙해지고 그것을 정상이라고 생각합니다. 하나님 안에서의 당신의 삶이라는 것이 얼마나 단순하며 똑바른 것인지 알게 된다면 깜짝 놀라게 될 것입니다.

지난날을 설명하려 애쓰거나 미래를 추리하려고 애쓰지

말고 확신에 찬 눈으로 하나님을 바라보십시오. 그것으로 충분합니다. 무언가가 당신을 하나님으로부터 흩어 버린다면 될 수 있는 대로 빨리 그 분께로 돌이키십시오. 계속해서 그 분께 돌아온다면 당신은 크게 발전하게 될 것입니다. 이것은 당신의 잘못들이나 실패들에 대하여 흥분하는 것보다 훨씬 더 좋은 일입니다.

침울한 성격에서 자라난 우울증에 대하여 당신을 도울 수 있는 자연적인 것들로는 식이요법과 운동이 있습니다. 마치 두통처럼 당신은 정기적으로 우울증에 시달릴 수도 있지만 그것은 그대로 지나갈 것입니다. 당신의 공상 속에서는 깊은 절망에 빠지겠지만, 감정이 아니라 믿음으로 인해 살아나는 당신의 의지가 당신을 다시 꺼내어 일으킬 것입니다. 문제는 당신이 무엇을 느끼느냐가 아니라 무엇을 하려고 하느냐, 즉 당신의 의지입니다.

당신의 영을 확장시킬 수 있고 당신을 자유롭게 할 수 있는 것이 있다면, 그것은 하나님께 완전히 순복하는 것입니다. 이 세상 그 무엇도, 하나님의 품안에 있는 어린 아이처럼 당신의 마음을 고요하게, 만족하게, 또한 기쁘게 지켜줄 수 있는 것은 없습니다.

그리스도께서는 당신이 하나님의 뜻을 따르고, 현재의 삶에서 그 분의 뜻을 이루어 내며 사는 것을 원하십니다. 하나님의 뜻은 당신을 괴롭히고 압도해서 당신 자신이 무엇을 성취했는지 되돌아보아야 하는 그런 것이 아닙니다.

당신의 업무가 하나님을 찾는 것을 방해하면, 그분이 그때 조차도 당신 안에서 일하시고 계신 것을 보십시오. 모든 일 중에 그 분을 바라보십시오. 언제나 마음속으로 시온의 노래를 부르십시오 — 왜냐하면 하늘에 있는 시온이야 말로 당신의 본향이기 때문입니다. 하나님께서 그 분의 자녀들에게 주신 순전한 자유함으로 단순하고 기쁘게, 또한 신뢰하는 마음으로 말하십시오.

위험한 것을 찾으려고 하지 마십시오. 하나님께서 당신의 도움이시며 보호자가 되실 것이라는 잠잠한 확신이 올 때까지 기다리십시오. 하나님께서 당신에게 하라고 요청하시는 과업이라 할지라도 계속적으로 기도와 주님을 향한 내면적 항복 속에 있을 때만 진행해야 합니다. 하나님 그분자신께서 나오라고 하시기까지는 내면적 안식의 자리를 결코 떠나지 마십시오. 하나님이 나오라고 부르실 때면 그분은 당신과 동행하실 것이며, 당신이 하나님을 떠난 것 같을 때에도 그분은 당신을 품에 품고 다니실 것입니다.

하나님께서 당신이 사람들을 향해 그분의 사역을 하기를 원하신다면 그 분에게 복종하십시오. 당신 자신에 대해 생각하지 마십시오. 하나님께서 당신에게 주신 모든 것들을 그분께 돌려드리십시오. 그 부르심이 아무리 위험하다 할지라도 그저 하나님과 함께 걸으며 당신 자신의 힘을 기대하지 마십시오. 당신의 아버지 하나님은 선하신 분입니다.

만일 하나님께서 쉽게 알아볼 수 있는 방법으로 당신을 사용하기로 결정하시지 않는다면, 억지로 남을 섬기는 일에 뛰어 들지는 마십시오. 당신 앞에 주어진 일들을 평화롭게 처리하십시오. 아무 것도 갈망하지도 거절하지도 마십시오. 사람들이 당신을 구하든지 거절하든지, 당신에게 박수갈채를 보내든지 반대하든지 무엇이 중요합니까? 당신이 구해야 할 것은 하나님의 은사도 아니요, 당신 자신도 아니요, 그것은 하나님 그분 자신입니다.

예수님께서 말씀하십니다. "나는 마음이 온유하고 겸손하니 내게 배우라. 그리하면 너희가 안식을 찾게 될 것이다." 온유하고 겸손한 태도를 유지하십시오. 그리하면 하나님의 평안과 안식을 알게 될 것입니다.

Wrong Doing

잘못된 행동

당신이 잘못된 것을 행하려고 한다는 것을 깨달았을 때에는 그것을 피하려고 노력해야 합니다. 그러나 만일 실패해서 잘못을 행했다면, 그때는 용감하게 당신이 느끼는 수치를 견뎌내야 합니다. 당신이 잘못을 범하기 전 그것이 잘못이라고 처음으로 느낄 때, 당신은 위험을 경고하시는 성령님께 저항하지 않도록 주의해야 합니다. 당신이 그 분을 무시하면 그분은 점점 더 조용히 침묵하실 것입니다. 당신이 잘못된 길로 계속 그렇게 가면, 곧 그분이 말씀하시는 것을 전혀 들을 수 없게 될 것입니다. 당신 안에 깊이 말씀하시는 성령님의 음성에 고의적으로 귀머거리가 되는 것은 당신의 인간적인 약점들보다도 훨씬 심각한 것입니다.

그것을 행하기까지 알지 못하는 잘못들은 그것들에 대해 혼란스러워하고 흥분한다고 치료되어지는 것은 아닙니다. 그와는 정 반대입니다. 잘못들에 대해 참지 못하는 것은 자신의 몰락에 대해 증거 하는 상처 입은 교만에 불과합니다. 당신이 할 수 있는 유일한 것은 죄가 당신에게 가져온 수치를 짊어지는 것입니다. 굴욕을 감수하지 않겠다고 저항하는 것은 겸손한 것이 아닙니다. 당신의 잘못에 슬퍼하고, 그것을 회개하고, 변명하지 아니하고 당신의 불완전함 때문에 씁쓸해 하거나 낙담하지 않는 것입니다.

종종 당신이 하나님께 드리려는 것이 그분께서 요구하시는 것이 아닐 수도 있습니다. 그분께서 당신으로부터 원하시는 것은 당신이 가장 사랑하는 것입니다. 당신 마음의 "이삭"을 원하십니다 — 너무나 사랑하는 외아들 말입니다. 그분은 당신이 가장 소중히 여기는 것들 모두를 그분께 드리기를 원하십니다. 이렇게 하기까지 당신에게는 안식이 없을 것입니다. "전능하신 분에게 저항하고도 평안할 자가 누가 있습니까?" 하나님께서 축복하여 주기를 원하십니까? 그분께 모든 것을 포기하여 드리십시오. 그러면 그분이 당신과 함께 하실 것입니다. 당신과 하나님 사이에서 더 이상의 자기 사랑이 없을 때 오는 위로, 자유, 힘, 성장이 얼마나 큰 지요.

당신 자신에 대해 낙심하지 마십시오. 당신이 가장 악한 것은 당신의 잘못들을 인식했을 때가 아닙니다. 당신의 죄들이 치료되기 시작하기 전까지는 결코 그것들을 알아차리지 못합니다. 자신에 대해 우쭐해 하지도 마시고, 성급해 하지도 마십시오. 의기소침해 하는 것은 겸손이 아닙니다. 실제로 의기소침은 상처 입은 교만이 절망하는 것입니다. 당신의 잘못들이 당신 안에 가지고 있던 헛된 자신감으로부터 당신을 치료한다면 그것은 쓸모 있는 것이 될 것입니다. 하나님께서만 당신의 연약함을 느끼도록 해 주셔서 그분 안에서 당신의 힘을 구하도록 만드십니다. 당신 안에 있는 그 빛에 반대하지 마십시오. 주님을 따르십시오.

Small Things

작은 일들

비덕숭에 위내한 행위들은 그것을 요청하는 경우가 별로 없기 때문에 드문 편입니다. 위대한 일을 할 때가 와도 그것에는 자체에 보상들을 가지고 있습니다. 흥분, 다른 사람들로부터 얻어지는 존경심, 그렇게 "위대한 일"을 해 낼 수 있는 능력에 동반되는 교만 등입니다.

사람들에게 알려지지 않더라도 작지만 옳은 일을 지속적으로 행하는 것은 훨씬 더 중요합니다. 이런 작은 일들은 당신의 교만, 게으름, 자기중심성과 과민한 본성을 공격합니다. 인생의 작은 일들을 당신이 원하는 대로 결정하기 위해서 하나님께 큰 희생 제사를 — 그것이 아무리 어렵더라도 — 드리는 것이 훨씬 더 호소력이 있습니다. 작은 일에 신실한 것이 하나님을 향한 당신의 사랑을 훨씬 더 잘 입증해 줍니다. 중요한 것은 한때 지나치는 열광적인 열정으로 가는 것보다 천천히 그 길을 터벅터벅 쉬지 않고 걷는 것입니다.

때때로 당신은 정말로 중요한 일보다 사소한 일에 더 집착합니다. 당신의 기분 전환용 오락 한 가지를 포기하는 것이 많은 돈을 자선사업에 기부하는 것보다 훨씬 더 고통스러울 수도 있습니다. 작은 일들은 너무나 아무 해로움도 없는 것처럼 보이기 때문에 더 쉽게 그것들에 미혹될 수 있습니다. 그럼에도 불구하고 이런 작은 일들을 하나님께서 거두어 가시면, 그들의 부재로 인해 느끼게 되는 고통을 통해서 당신이 얼마나 그들에게 애착심을 가지고 있었는지를 곧 알게 됩니다.

게다가 당신이 작은 일들을 소홀히 하면, 가족에게나, 당신을 위해 일하는 사람들에게나, 다른 모든 사람들에게 지속적으로 불쾌감을 주게 될 것입니다! 작지만, 중요한 세부적인 일들에 대한 당신의 태도가 느슨하면 아무도 당신이 하나님을 사랑한다고 믿지 않을 것입니다. 당신이 작은 희생을 드리지 않는다면 당신이 큰 희생을 드릴 수 있다고 어떻게 믿을 수 있겠습니까?

작은 일에 최우선으로 참여하는 용기가 당신에게 필요합니다. 쉽지 않을 수도 있습니다. 당신에게 평안을 가져다주시는 하나님의 훈련에 따라 그 어려움을 받아들이십시오. 그렇게 하면 그 어려움을 견디기가 점점 더 쉬워질 것입니다.

Depend On God

하나님을 의지하십시오

당신 자신으로부터 완전히 떨어져 분리되는 것에 대해 그리고 전혀 이기적이지 않은 사랑에 대해 많은 말씀을 드린 줄 알고 있습니다. 이것은 참으로 행하기 어려운 일이기 때문에, 당신이 이것에 미치지 못했다 하더라도 죄책감을 느끼지 않았으면 좋겠습니다. 당신의 실패들이 하나님을 불쾌하게 해드리는 것이 아닙니다. 그분께서는 당신의 가장 깊은 느낌들을 보고 계십니다. 이것은 이기심에 대해서 완전히 죽는 목표를 향해 나아가는 긴 과정입니다. 당신이 행하는 많은 일들에 자기 본위적인 것이 있습니다. 무언가가 당신이 원하는 것을 방해해서 마음이 크게 격동되거나 기분 상할 때, 당신의 옛 자아가 그 상황에 연관되었는지 여부를 알 수 있습니다.

당신은 인식도 하지 못한 채 자신에게 집착하고 있지만, 무엇을 빼앗기면 얼마나 울부짖는지 보십시오! 당신은 좋지 않은 의도들에 고의적으로 매달려 있지는 않지만, 당신이 알게 될 진상이 두려워 그것들을 아주 가까이서 들여다보지 않습니다. 당신 마음속에 있지 않다고 당신이 맹세할 수 천 가지 일들을 하나님께서 드러내시지만 그 일들을 처리해 나갈 수 있도록 하나님께서 도우실 것입니다.

모든 약점을 단번에 발견할 것을 당신이 원한다고 생각하십니까? 하나님께서는 이런 무서운 발견으로부터 당신을 보호하십니다. 하나님께서는 너무 많이 조명하시지도 않고 너무 급하게 조명하시지도 않습니다. 그분께서는 당신에게 변할 수 있는 방책과 자원을 허락하시지 않은 채로 변화를 요구하지 않으십니다. 얼마나 찬양 받기에 합당하시며, 얼마나 선하신 하나님이신지요!

그들 약점의 대부분이 아직도 어두움 가운데 남아 있음을 보는 사람들은 어떻게 연약함들을 단념할 수 있는지 그 방법을 찾습니다. 하나님께서는 더 진전된 상태로 나아가기 위한 지혜를 예비해 놓고 계십니다.

하나님께서 당신에게 주시는 것들에 대해 신실하십시오─그분이 주시지 않은 것들에 대해서는 그럴 필요 없습니다. 당신이 알 필요가 있는 모든 것을 하나님께서는 그 분의 때에 보여주실 것입니다. 그 전까지는 당신이 압도되지 않도록 당신 자신의 불완전함들을 베일 속에 감추어 두십니다. 당신은 성급하게 완전하기를 바라지만, 하나님의 손안에서 겸손하게 기다리는 것이 훨씬 더 좋습니다. 자신을 정죄하거나 우쭐해지지 말고, 당신 자신의 모습 그대로 견디어 내십시오. 그 과정은 즉각적으로 이루어지는 완전함보다는 자아의 본성에 대한 더 깊은 죽음을 이루어 낼 것입니다.

하나님께서는 당신을 그분만 의지하는 사람으로 키워내십니다. 그분은 마치 현명한 어머니가 아이들에게 과제물을 주는 것처럼 당신에게 빛을 비추어 주십니다. 그 일을 마칠 때까지 더 이상의 다른 빛을 비추시지 않습니다. 당신 앞에 하나님께서 펼쳐 놓으신 일들을 모두 마치셨습니까? 그분은 당신이 할 일이 없이 게으르게 지내도록 내버려두시지 않기 때문에 즉시 새로운 일을 주실 것입니다. 그러나 그분이 요청한 일을 아직 마치지 않았다면 그분은 더 이상 보여주시지 않을 것입니다.

하나님께서 당신 안에 일하시도록 허락해 드리십시오. 그리고 그분이 주시는 빛으로 기뻐하십시오. 주께서 주시는 각각의 새로운 은사는 그것보다 우선하여 그 사람을 재건하십니다.

Prideful Feelings

교만한 마음

여러분 안에 교만한 마음이 든다든지, 또는 스스로가 그 어느 누구보다도 더 많이 알고 있는 것처럼 느껴질 때나, 또는 자기 외에 다른 이들을 돌보지 않고 있다면 이런 태도들을 당장 내어 버려야 합니다.

당신이 잠잠해 지고 자신을 다시 한 번 하나님께 굴복하여 드릴 때까지 하나님을 구하고 모든 것을 멈추어야 합니다. 해야 할 일들이 문제가 된다든지 당신의 과민한 상상력이 하나님 앞에 잠잠히 머무는 것을 방해한다 해도, 당신은 여전히 하나님 앞으로 나와 잠잠히 있고자 해야 합니다. 하나님 앞에 잠잠하고 고요하게 있고자 하는 것은 그 자체로 아집을 벗겨내는 기도이며, 당신을 하나님의 손안에서 다루어질 만한 상태가 되도록 해 주는 기도입니다.

하나님께로 몇 발자국 더 다가갔다고 해서 자축하지 마십시오. 당신은 회심하자마자 하나님에 대하여 모든 것을 알고 있다고 생각하는 식입니다. 당신은 모든 주된 악습을 버려 성자로 인정될 준비가 되어 있습니다. 그러나 지금 당신은 복음의 기준으로 당신 자신을 판단하는 것이 아니라 지난 생애 동안 어떻게 살았느냐 하는 잣대에 의해 판단하고 있는 것입니다.

장기적인 안목에서 이러한 태도는 어떤 노골적인 죄를 저지르는 것보다도 당신을 더 큰 곤란에 빠뜨리게 됩니다. 노골적인 범죄는 당신의 양심을 근심케 할 것입니다. 하지만 실제로 잘 하고 있지도 않으면서도 스스로 잘 되고 있다고 생각하는 것은 당신의 영적인 생명을 질식시킬 것입니다. 하나님을 섬긴다는 것은 단지 악을 피하는 문제 일뿐 아니라 선을 배우는 문제입니다. 하나님을 조금 사랑하고 그것으로 할 바를 다했다고 생각하지 마십시오. 살고 싶은 대로 살다가 도움이 필요할 때 최후의 수단으로서 하나님께 갈 생각은 마십시오. 이것이 하나님을 사랑하는 것입니까? 제 생각에는 이것은 하나님을 짜증나게 하는 것입니다. 성경을 읽고, 교회 출석하고, "큰" 죄를 멀리하는 것 — 단지 이것만 하면 하나님을 열정적으로, 또한 전심으로 사랑하는 것입니까? 당신은 스스로에게 속하지 않았습니다. 당신은 하나님께 속했습니다! 당신은 복음을 당신의 연약함에 적응시키기 위해 그것을 약하게 왜곡시켜서는 안됩니다. 좁은 길을 넓히려 하는 자에게 저주가 있을지어다!

하나님을 사랑하는 단 한 가지 길은 그분을 온전히 사랑하는 것입니다. 당신은 하나님 외의 다른 모든 것들이 당신을 다스리도록 허락해 왔습니다 — 당신의 감정, 다른 사람의 변덕스런 욕구들, 당신의 고집스런 욕망들. 이제 하나님 안으로 뛰어 들어 가시고 당신의 모든 것을 그분께 드리십시오.

Social Relationships

사회적 관계

당신의 친구들이 자신이 하고 싶어 하는 대로 하도록 허용하십시오. 만약 누군가가 당신에게 공격적인 말을 했다면, 그 말을 껴안고 묵상하지 말고 흘려 넘기십시오. 다른 사람에게 기대하는 것이 적을수록 모든 이들에게 더 친절하고 유익을 끼치는 사람이 되는 것을 배우게 될 것입니다.

하나님과 연합할수록 우리가 얼마나 서로 더 가까워 질 수 있는지요! 하나님의 뜻을 행하고자 하는 하나의 관점만을 가지고 있을 때 관계들이 더 쉬워지지 않던가요? 진정한 친구를 찾고 싶으십니까? 오직 하나님 안에서만 친구를 찾으십시오. 그 분만이 진정하고 영원한 우정의 근원이십니다. 이런 친구들과 이야기하고 그들의 이야기를 듣고 싶으신 가요? 그렇다면 진리를 말하고 진리대로 사는 모든 자들의 근원적인 생명 되신 분의 가슴 속에 침묵으로 깊이 잠기십시오. 그분 안에서 모든 고결한 욕구가 만족됨을 경험하실 것입니다. 그분 밖에 있는 모든 관계에서 발견되는 불완전함에 비해 주님 안에는 완전함이 있습니다.

당신은 완전히 사회적인 관계에서 빠져 나오는 것과 다른 이들에게 복음을 증거 하는데 모든 시간을 쏟아 붓는 것 사이에 균형을 찾아야 합니다. 스스로의 필요를 돌보는 것과 다른 이들의 필요를 돌보는 것 사이의 행복한 중용을 찾아야 합니다.

몇 가지 요인들을 고려함으로써 이런 균형을 이룰 수 있습니다. 영혼을 새롭게 해야 할 시간이 필요하십니까? 건강하십니까? 얼마만큼의 시간이 있으십니까? 하나님께서 어떻게 인도하고 계신 것 같습니까? 마음과 육체의 필요를 고려하는 것은 괜찮습니다. 이렇게 했을 때 남는 시간을 효율적으로 활용할 수 있을지 한번 보십시오.

도울 수 있는 다른 이들이 있는데도 당신의 도움이 전혀 필요하지 않은 사람과 함께 머문다는 것이 무슨 유익이 있습니까? 물론 우정이나 어떤 관계에서 오는 의무가 있다면 함께 있어야 하겠지만 말입니다. 그런 것만 아니라면 정중한 태도로 작별을 고하고 스스로 가야할 길을 가십시오. 십자가라는 이름으로 스스로에게 무거운 짐을 지울 필요는 없습니다. 손님으로 접대하고 싶지 않은 사람이 있다면, 부르심이 있기 전에는 그렇게 하지 마십시오.

자기중심적인 마음 때문이라면 사회로부터 물러나지도 말고 사교적이 되지도 마십시오. 그렇게 된다면 의심할 바 없이 이기심이 당신의 결정에 개입될 것입니다. 그러나 당신이 보기에 최선의 것을 행하십시오. 그동안 너무도 지쳤다면 원기를 회복하기 위한 충분한 시간을 갖는 것이 좋습니다. 더 사랑하고 덜 괴로워하십시오.

Dealing With Temptation

유혹에 대처하기

당신 스스로에게 빠지도록 허락한 그 잘못들에 대해 이야기 해 봅시다. 저는 큰 죄악에 대해서 말하고 있는 것이 아닙니다 — 중요한 이슈(issue)들에 대해서 하나님께 고의적으로 불순종하는 것은, 헌신된 기독교인들의 일상적인 기초를 다루는 데 있어서 일반적으로 발생하는 문제는 아닙니다. 저는 상처 주는 날카로운 말을 멈추지 않는 것, 고의적인 다툼을 그만두지 않는 것 등의 문제에 대해서 말하고 있는 것입니다. 이런 것은 당신이 어느 정도 절제할 수 있는 일이지만, 당신은 그냥 하고 싶은 대로 해 버리고 맙니다.

하나님과 더욱 가까워질수록, 당신은 자신 안에 있는 끔찍한 것들을 더 많이 발견하게 됩니다. 이것은 부정적으로 볼 일이 아닙니다 — 하나님께서 당신 자신에 대한 확신을 잃어버리게 하시려고 이것을 허락하셨습니다. 근심이나 낙담 없이 내면의 부패함을 볼 수 있고 또 단순하게 하나님을 신뢰할 수 있다면 당신은 큰 성취를 이룰 것입니다. 그러나 당신은 유혹에 빠지지 않도록 노력해야 합니다.

유혹에 대처하기 위한 두 가지 대책이 있습니다. 하나는, 당신 안에 계신 하나님께 신실하십시오. 피하는 것이 유익하다면 그 모든 것을 피하십시오. 물론 당신이 이러한 상황들을 언제나 피할 수 있는 것은 아닙니다. 어떤 것은 하나님으로부터 온 것인데 이때는 피하는 것이 어떤 유익도 없습니다.

두 번째 대책은 유혹을 받을 때 하나님께로 돌이키는 것입니다. 만일 유혹에 대해 마음이 기우는 자신을 발견한다면, 곧장 하나님께로 돌이켜 나아가십시오. 자신을 두렵게 하는 무언가를 보자마자 엄마의 가슴에 얼굴을 숨기는 아이처럼 말입니다.

하나님의 인도하심에 즉각적으로 반응할 수 있도록 그 분의 임재 안에 머무는 것을 실습하십시오. 하나님의 뜻을 행하는 데 있어서 할 수 있는 일이란 별로 없습니다. 하나님께로부터 오는 어떤 것도 주저 없이 받아들일 때, 할 일이라곤 아주 조금 뿐입니다. 하나님의 사랑은 그 분께 저항하는 어떤 것이라도 찾아내시려고 내면의 비밀한 장소들을 탐색하십니다.

다른 한 편으로 기독교는 수많은 규칙들 안에서 발견되는 것이 아니며, 모든 즐거움으로부터 물러나 움츠러드는 것도 아닙니다. 단지 하나님께 조건없이 복종하십시오. 오늘의 순간을 사십시오. 현재의 순간을 사십시오. 하나님께 저항하지 말고 그 분이 보시기에 합당한 일을 하시도록 허락해 드리십시오. 당신이 하기를 원하는 것을 합리화 하지 말고 그분과 동의하십시오. 유혹은 그리스도의 삶에서 필연적으로 일어나는 부분입니다. 가장 수치스러운 유혹 속에서도 불안해하지 마십시오. 하나님을 바라보시고 지속적으로 그분의 임재 안에 거하십시오 — 그분께서 당신이 넘어지지 않도록 발을 붙드실 것입니다.

The Pharisee and The Tax collector

바리새인과 세리

바리새인들은 율법의 모든 세세한 부분까지도 실행하였던 종교적 개혁자였습니다. 그들의 외적 종교는 당신을 매혹시킬 테지만, 내면으로는 그들 자신의 의로 눈멀었습니다.

세리들은 사회적으로 소외된 자들이었고, 모든 사람에게 미움을 받았습니다. 예수님께서는 세리와 바리새인에 대한 이야기를 해 주셨습니다. 세리는 자신의 죄에 대해 부끄러워하지만 바리새인은 자신의 선으로 인해 자랑스러워합니다. 그러나 하나님께서는 자신의 비참함에 스스로 어쩔 줄 몰라 하면서 오로지 하나님만을 의지하는 죄인을 더 좋아하십니다.

바리새인은 하나님께서 주신 것들의 외적 장식물에 집착합니다. 그는 이러한 장식품들을 그 자신의 의를 지지하기 위해 사용합니다. 바리새인은 자기 사랑의 거울을 통해 자신을 바라보며 스스로 찬사를 보내는 것입니다. 그러나 거울을 바라볼 때마다 사실은 자신을 더럽히고 있습니다.

바리새인은 당신이 생각하는 것보다 훨씬 더 우리가 자주 볼 수 있는 흔한 사람들입니다. 많은 그리스도인들이 "선한 그리스도인의 삶"을 살도록 노력하고, 그러한 삶에 대해 스스로를 자랑스러워합니다. 그들은 아마도 기도하고, 십일조를 내며, 도덕적 삶을 살 것입니다. 그러나 내면적으로는 그리스도인의 삶을 살아내는 그들 자신의 능력에 집착하고 있습니다.

당신에게는 자신의 능력에 대한 숨겨진(또는 숨겨지지 않은) 교만이 있습니다. 당신은 자신의 강함과 선함 그리고 의로움을 바라보면서 어떤 희열을 느끼고 있습니다. 그러나 이 모든 일들 가운데 누구를 신뢰하시며 누구를 바라보고 있나요? 당신 자신입니다! 하나님께 대해서 자신이 바르다는 데에서 오는 좋은 느낌을 원하는 것입니다. 당신은 자신을 채우는 것이 아니라 비우는 것이 필요합니다. 당신 자신의 이해의 빛이나 능력들로 하나님을 따르지 마시고, 믿음의 희미한 횃불로 하나님을 따르십시오. 그리스도인의 삶을 살아내는 당신의 눈에 보이는 힘을 자랑스러워하지 마십시오. 그렇게 하는 당신의 능력이 착각이었음이 증명될 것입니다. 하나님만을 신뢰하십시오.

True Faith

참된 믿음

잘하고 있다는 것을 확인해야 안심이 될 때, 그것이 하나님과 믿음으로 동행하지 않고 있다는 것임을 깨닫습니까? 끊임없는 평가는 당신 자신에 대한 몰두에 불과합니다. 이것 중심에 주 예수 그리스도께서 계십니까? 당신이 산만해지는 것을 느낄 때에 하나님께로 돌이키십시오. 당신은 끊임없는 자아성찰 자체가 산만함이 된다는 것을 아십니까? 당신은 자신에 대해 생각에 잠기는 것과 그것을 통해 당신의 자아를 보호하는 것에서 평안을 찾으려합니다. 당신은 당신의 기도가 빈약할까봐 두려워 하지만, 기도하고 있다는 것을 깨닫지도 못한 채로 기도할 때 그것이 최고의 기도입니다. 당신은 믿음을 연습하는 동안 누군가 뒷받침한다거나 무언가 확실하다는 느낌을 갖기를 원합니다 — 참된 믿음은 그러한 지지가 없이도 나아가는 것입니다. 십자가에서 예수님께서 부르짖으셨던 것을 기억하십시오, "나의 하나님, 나의 하나님, 어찌하여 나를 버리십니까?" 하나님께서는 예수님으로부터 그 분의 임재를 거두어 가셨고 그것은 그 슬픔의 사람(예수님)을 향한 마지막 타격이었습니다. 믿음으로 사십시오.

The Fall of Man

인간의 타락성

만일 사람으로부터 어떤 신힌 것을 기대한다면 당신은 인간이 얼마나 타락했는가를 이해하지 못하고 있는 것입니다. 예수 그리스도라는 새 줄기가 당신 안에 좋은 열매를 맺는다는 것이 얼마나 경이로운 일인지 알아야 합니다. 인간의 선한 행위를 곧이곧대로 믿거나 받아들이지 마십시오 — 그것들은 독선과 자기 확신의 독성이 퍼져 있습니다. 밖으로 드러나는 파렴치한 죄악보다 더 나쁜 것은 내적인 우상숭배입니다. 하나님께서 당신을 겸손케 하시도록 허락해 드리십시오. 하나님을 찾는 자들에게는 온갖 종류의 방해 요소들이 있습니다. 당신의 결점으로 인해 원하는 만큼 빨리 나아 갈 수 없습니다. 당신의 교만, 그것이 가져오는 모든 짐들 때문에 가는 속도가 느려집니다. 때때로 당신은 올바르게 가고 있다고 생각하지만 겉치레를 유지하기 위해 여기저기서 속이고 있는 것입니다. 더 나쁜 것은 자아가 고스란히 살아 있는 때에도 모든 것에 대해 이미 포기했다고 스스로가 생각하는 것입니다. 이것은 아마도 최악의 경우일 것입니다.

그리고 그때는 당신은 다른 사람을 돌아보며 판단하기 시작합니다. 그리고 당신이 비밀스럽게 질투하고 있는 사람들에 대해 오해하고 불신하기 시작합니다. 당신의 가장 깊은 내면에 감추어진 질투는 다른 사람들의 가장 작은 잘못까지도 과장합니다. 여기에서 기만적인 흠잡기가 시작됩니다. 당신은 자신을 정당화하기 위해 스스로를 속입니다. 하나님께서 한동안 당신이 이기심에서 벗어나도록 간섭하고 막으시겠지만, 당신은 조금씩 자신의 이익을 향해 돌아서 빠져 나옵니다.

이것은 참으로 나에게 두려운 것입니다. 저는 하나님께서 저의 이기적인 본성에 대해 완전히 죽도록 다루어 주시기를 간절히 기도드립니다. 그렇지 않으면 저는 비참한 이기심으로 가득 찬 삶을 살게 될 것입니다. 저는 대부분의 사람들보다 더 영적으로 보일지 모르지만, 하나님께서는 제 내면에 있는 위선을 보십니다. 그 위선에 하나님께서는 틀림없이 신물이 나셨을 것입니다. 그러나 언제쯤 그러한 모습에 충분히 신물이 나서 하나님께 온전히 순복할 수 있을까요?

이러한 견지에서 기독교 신앙에 대해 이야기하기 시작하고, 전적인 포기에 대해 말하기 시작할 때, 사람들은 당신을 광신도나 균형을 잃은 신앙인으로 몰아 부칠 것입니다. 그들은 자신의 욕구가 완전히 죽기를 원치 않기 때문입니다. 당신의 이기적 욕구들은 수백만 가지의 교묘한 속임들 안에 숨어 있습니다. 우리의 변명은 끝이 없을 것입니다. 우리의 의지는 여전히 약하기 때문에, 하나님을 향한 마음을 가진 사람이라 할지라도, 이러한 투쟁은 우리 모두에게 해당됩니다.

다른 사람의 잘못들에 대한 당신의 분노조차도 매우 잘못된 것입니다. 당신 자신의 비참함을 보지 못하십니까? 그것을 깨달을 때 당신의 자기 의는 땅에 떨어질 것입니다. 당신을 포함한 모든 인류는 부패했지만, 그러나 낙심하지 마십시오. 하나님께서는 그 분의 진실된 종들을 준비하고 계십니다. 그들은 결점을 가지고 있지만, 하나님께서 그들 안에서 일하고 계십니다.

Help For Discouragement and Depression

낙담하고 절망한 마음을 위한 도움

당신의 마음이 지나치게 방황함으로 인해서 낙심하고 있습니까? 무엇을 기대하십니까? 아빌라의 테레사(Theresa of Avila)는 "상상력은 집안에 있는 바보"라고 말씀하셨습니다. 그것은 폭풍우가 치는 험난한 인생에 대한 각본을 꾸며 만들어내고, 하나님 앞에서의 임재의 순간을 놓치게 만듭니다.

전진하십시오. 당신의 상상력이 속삭이는 모든 끔찍한 각본에 귀 기울이는 것을 멈추십시오. 앞으로 나아가십시오. 당신은 하나님을 구하면서도 원하는 만큼 그 분의 임재를 느끼지 못해서 슬퍼하고 있습니다. 당신은 믿음으로 하나님을 신뢰하는 것에 지쳐버렸습니다. 보이지 않는 허공에 매달리는 데 싫증이 난 것입니다. 당신은 진전을 보기를 원합니다! 당신은 한 번의 실수로 인해 낙담해 있습니다. 이 얼마나 교만한 마음인지요! 얼마나 심한 자신에 대한 강박관념인지요!

하나님을 사랑하고 그분 앞에 잠잠히 거하십시오. 당신은 자신에 대해 잊고 하나님을 바라보는 것보다는 자신을 질책하고 마음에 동요가 일어나도록 스스로 부채질하고 있습니다. 자신의 연약함을 애도하는 것은 당신에게 전혀 도움이 되지 못합니다. 단지 자기 연민이 좋은 실례가 될 뿐입니다. 아주 짧은 순간이라도 하나님을 스쳐 바라보기만 해도 훨씬 더 큰 마음의 평안을 얻을 것입니다.

육체적인 이유로 인해 오는 자연스러운 눌림이 있다면, 단순히 평안함으로 견디십시오. 시선을 하나님께 고정하십시오. 하나님께서 하라고 보여주신 것들을 하십시오. 그분께서 당신을 필요로 하시는 일이 있다면, 좋은 일입니다. 순종하십시오. 필요로 하시는 일이 없다면, 그때는 평안하게 그분 앞에 거하십시오.

다른 사람들에 대해 실망하는 문제에 관한 것이라면, 당신은 사람들에게 지나치게 기대하지 않는 법을 배워야 합니다. 그것은 실망을 피하는 유일한 길입니다. 당신은 나무가 맺는 열매를 취해야 하지만 잎사귀와 벌레만 내는 나무도 있음을 기억하십시오! 하나님께서는 당신을 향해 무한한 인내심을 가지고 계십니다. 또한 다른 사람들에게도 마찬가지입니다. 그분께서는 저항한다고 해서 그들을 떠나지 않으십니다. 그분의 인내와 자비를 본받기 위해 노력하십시오. 불완전함만이 불완전한 것들에 의해 시달림을 받습니다. 크리스천으로서 더 성숙해질수록 다른 사람들의 결점에 대해서 더욱더 인내하게 될 것입니다.

의기소침한 기분이 당신을 내리 누를 때, 당신을 도울 수 있는 두 가지 방법이 있습니다. 첫 번째로, 하나님께서 주시는 방법들을 통해서 슬픔을 달래십시오. 지나치게 어려운 일들을 감당하려고 무리하지 마십시오. 몸의 강건함뿐만 아니라 마음의 강건함도 지키십시오. 당신이 용기 낼 수 있는 것 이상의 것들을 떠맡으려 하지 마십시오. 하나님과 함께 하는 시간, 독서하는 시간, 유익한 대화를 나누는 시간 등을 따로 마련하십시오. 그리고 몸과 마음의 긴장을 풀어 줄 수 있는 건전한 오락을 즐기는 시간도 가지십시오.

두 번째, 자신을 도울 수 있는 이러한 모든 일들을 한 이후에도 당신에게 남아 있는 슬픈 느낌들은 평강 안에 감당하십시오. 그것들과 싸우지 마십시오. 합당한 때에 그 모든 것들은 저절로 사라질 것입니다.

The Danger of Friendships

친구관계의 위험

당신이 존경하고 좋아하는 친구를 사귀고 싶어 하는 것은 자연스런 일입니다. 친구를 사귀는 것은 인생에 있어 큰 즐거움을 주지만, 친구 관계에는 수많은 위험이 있습니다. 특별히 당신이 서로 친밀한 관계를 가진 공동체 안에 속해 있다면 말입니다.

그리스도의 몸의 한 구성원으로서 당신은 더 이상 자신에게 속해 있지 않습니다. 그리스도를 영화롭게 하려고 모이는 그룹에서는 특별한 친구관계가 생기지 않도록 주의해야 합니다. 특별한 친구관계는 파벌과 당 짓는 영을 불러들일 것입니다. 당신이 좋아하는 누군가가 상처받았다면, 당신은 감정적으로 연루되어서, 누가 어떤 상처를 주었는지 잘잘못을 따질 것입니다. 이것은 내가 알기에 다른 어떤 것보다 신속하게 공동체의 분열을 초래하는 것입니다. 당신은 곧 비밀스럽게 음모를 꾸미거나 잡다한 이야기를 나누게 되고, 불화감

단순한 삶 · 253

이 스며들어 결국 모든 것을 채우게 됩니다. 물론 당신 스스로는 비난받을 것이 없다고 생각할 것이고, 옳은 것을 지지하고 있다고 주장할 것입니다.

그러나 다른 사람들이 보기에는 이것은 해로운 일입니다. 당신은 그들에게 좋지 못한 모범을 보였고, 또한 교묘한 방법으로 그들이 당신을 편들도록 압력을 넣었습니다. 무엇보다도 나쁜 것은 똑같은 한 사람을 특별하게 좋아하는 두 사람 사이엔 질투심이 작용한다는 것입니다. 두 사람 각각은 다른 사람이 더 가까운 친구가 될까봐 두려워합니다. 이것이 얼마나 큰 문제를 불러일으키겠습니까?

더군다나 당신에게 특별히 더 좋아하는 친구가 있다면 그것은 그 친구를 곤란에 빠뜨리는 것입니다. 누군가에게 사랑받는 사람은 종종 공동체 모두의 질투와 비평의 대상이 됩니다. 또한 그들은 둘 중에 하나는 하기를 원합니다. 그들도 역시 특별한 친구관계 가운데 들어가거나, 아니면 그러한 관계를 가지려하는 사람을 비판하는 것 둘 중에 하나 말입니다. 때때로 의심과 오해가 있을 수 있습니다. 모두가 예수님보다는 다른 누군가를 바라보게 됩니다. 결국은 당신 스스로에게 상처를 입히게 됩니다. 당신은 다른 사람들에게 몰두되어 당신의 삶 속에 예수님의 주님 되심을 잊어버리고, 그분을 바라보는 영적인 시력을 상실할 수 있습니다. 그분과 홀로 보내는 시간이 점점 줄어들 것입니다. 당신의 친구들을 깊이 생각하면서도 당신의 주님은 무시하게 됩니다. 그러면서도 당신은 "나는 이 모든 관계를 조율할 수 있어"라고 말할 것입니다. 조심하십시오!

어떤 한 사람만을 편애하지 않도록 하십시오. 하나님께서 사랑하라고 요구하시는 모든 사람들을 똑같이 사랑하십시오. 당신이 한 친구와의 관계에 몰두되어 있다는 것을 안다면 조금씩 그것을 고쳐 나가십시오. 모든 사람들을 있는 그대로 — 그들의 장점과 단점들 — 바라보십시오. 그러면 그들에 대한 비현실적인 낭만에서 벗어나게 될 것입니다. 자아의 본성으로 이런 건강하지 못한 집착으로부터 벗어날 수 있다고 생각하십니까? 이것이 당신이 주목해야 할 것입니다. 하나님 안에서 하나님을 위하여 당신의 친구들을 사랑하십시오. 그들이 당신에게 주는 것이 있어서가 아닙니다. 그렇게 이기적이 되지 마십시오.

Forgetting Yourself

스스로를
잊어버리는 것

자신에 대해 잊는다는 뜻은 은사를 주신 하나님께 감사하는 것을 잊는다는 뜻은 아닙니다. 또한 당신과 관련이 있는 어떤 것에 대해서도 절대 생각하지 말라는 뜻도 아닙니다. 그것은 당신 스스로가 당신의 세계의 중심이 되지 말라는 뜻입니다. 당신 자신에 대해 잊어버렸을 때는 당신은 더 이상 고의적으로 자신을 위해서 모든 것을 구하지 않게 될 것입니다.

자신이 사는 마을 밖으로 한 번도 나가보지 못한 소작농은 자신이 얼마나 가난한 지 부분적으로만 알 뿐입니다. 그러나 그를 궁궐로 데리고 간다면 그는 자신의 처지를 깨닫게 될 것입니다! 당신과 하나님과의 관계에서도 마찬가지입니다. 물질적인 부유함이 얼마나 허무한가에 대해 온갖 종류의 설교를 들을 수 있습니다. 그러나 하나님 그분 자신께서 당신의 영혼에 조명해 주시기 전까지는 그것은 당신 마음에 뿌리

내리지 못할 것입니다. 하나님께서 조명해 주실 때에는 당신이 성품적인 측면에서 하나님과 얼마나 동떨어져 있는지 알게 될 것입니다.

당신의 목표가 순수하게 하나님만을 위해서 그분을 사랑하는 것이라 할지라도 이런 종류의 삶에서 어떠한 이기심도 없이 하나님을 사랑하는 것이 거의 불가능하다는 것을 깨달아야 합니다. 하나님께서는 당신 안에 기적적인 일을 행하셔야 하고, 또한 그것은 오랜 시산이 걸립니다.

그분은 당신이 계속해 나감에 따라 더 순수한 사랑을 할 수 있도록 해 주실 것입니다. 그러나 이 모든 것은 그분의 주권에 달린 일입니다.

Different Callings

다른 부르심

당신은 하나님의 은사들이 다른 사람보다는 당신 안에서 역사 하는 것을 더 좋아합니까? 이것은 자기 집착입니다! 하나님께서 당신의 이기심을 벗겨 내기 위해 많은 시간이 걸릴 것이라는 말이 과장으로 생각되십니까? 당신이 온전히 순전해질 때까지 그 분은 당신을 무자비하게 추적하실 것입니다. 그분의 순전한 사랑만큼 질투심이 많고, 강렬하며, 민감한 것은 없습니다. 보통 평범한 사람이 살아가는데 꼭 필요해 보이는 것조차도, 하나님께서는 그분께서 정화시키고 있는 사람으로부터 거두어 가십니다.

그러나 저는 당신이 하나님께서 모든 사람을 삶에서 이런 식으로 몰아 부치지는 않는다는 것을 알기 원합니다. 그분께서는 많은 신자들을 자기 유익을 구하는 수준의 신앙에 머물도록 남겨두십니다. 하나님께서 그들에게 주시는 축복들과 은사들이 그들에게 위안이 됩니다. 그들로부터 이러한 위안을 거두는 일은 위험한 일입니다. 이러한 사람들은 하나님의 선하심 때문에 그분께 영광을 돌립니다. 그들은 하나님께서 그들에게 주시는 것으로부터 유익을 얻고, 그것으로 인해 그분께 영광을 돌립니다. 그러나 어떤 사람들은 이런 수준을 넘어서서 예수님께서 그러셨듯이 하나님의 영광만을 추구하도록 부르심을 받았습니다. 당신이 받은 부르심 가운데 있지 않은 다른 사람들을 깔보아서는 안됩니다. 하나님께서는 각 사람에 대해서 그분께서 원하시는 대로 행하십니다. 하나님께서 더 깊은 수준으로 당신을 부르신다면, 도망하지 마십시오. 하나님께서 더 깊은 수준으로 부르시지 않는다면 더 이상 많은 것을 알려고 묻지 마십시오.

The Schemes of Self-Love

이기심의 음모

당신은 정말로 자신이 관대하며 자신보다 다른 사람들을 더 살피고 있다고 생각하십니까? 당신은 자신을 다른 사람을 희생적으로 사랑하는 이타적인 사람이라고 생각하고 싶어 합니다. 이러한 종류의 생각은 당신을 서서히 독살시킬 것입니다. 왜냐하면 그 생각 때문에 당신은 자신이 아직 자기 자신을 위해 살고 있는 연약한 사람들보다 더 낫다고 생각할 것이기 때문입니다. 당신은 친구들을 이용하려 하는 것은 아니지만, 당신이 그들을 위해 한 일들로 인해 당신에게 매혹되기를 원하고 있습니다. 물론 그 친구들은 당신이 놀랍게 멋진 사람이고 이기심이 없다고 하겠지요. 이기심을 전혀 가지지 않았다고 칭송을 받는 것보다 이기심에게 더 달콤한 것이 어디에 있겠습니까?

당신의 이기심은 이제 더 영리해지고 교묘해졌습니다. 자신을 속이는 일을 멈추십시오. 당신은 자기 사랑이 만들어낸

가면을 벗어버리기 원하십니까? 그것을 미워하십시오.

당신의 자기 사랑은 영적인 사람들로부터 존중받기를 원합니다. 당신은 자신이 흥미롭고 이타적인 사람으로 보이길 원하지만 당연히 그런 생각을 드러내놓고 하지는 않습니다. 당신이 다른 사람을 속이듯이 또한 당신은 자기 자신도 속입니다. 당신은 자신이 만들어낸 환상을 믿기 시작합니다.

오직 하나님께서 당신을 도와주실 수 있습니다. 당신이 많은 것을 궁금해 하는 것을 압니다. 냉백하게 잘못된 것을 포기해야 된다는 것을 깨닫게 되는 것은 쉽지만, 사람들이 좋게 생각하는 것들 — 가령 정직하게 번 재산, 성공적인 삶, 좋은 평판 등 — 을 포기하기란 얼마나 어려운지요. 이러한 것들은 악한 것은 아닙니다. 그러나 당신과 그것들과의 관계는 심각하게 다루어져야 합니다. 선한 청지기는 그가 필요한 것만 사용합니다. 그리스도인들은 모든 것을 포기해서 그것들이 자신을 파멸시키는 일이 없도록 해야 합니다.

당신은 가장 사랑하는 것들 — 가족들, 친구들 — 을 포기해야 하고, 하나님께서 거두어 가신다면 그것을 잃어버릴 준비가 되어야 합니다. 결코 그들 안에서 진정한 평안을 찾으려 하지 마십시오. 그렇지 않으면 하나님의 질투를 경험할 것입니다. 하나님께서는 하나님과 낯선 사람 사이에서 마음이 흔들리고 나눠진 신부를 받아들이지 않으십니다.

세속적인 사람들은 그들의 몸을 포기하기 힘들어합니다. 그들은 자신의 외모와 나이 들고 주름지는 것에 대해 근심합니다. 그러나 그리스도인들은 그들의 몸을 포기하여 희생 제사를 드리는 것을 자랑스러워 할 수 있습니다.

　당신이 자신의 길로 가고 있고 다른 사람에게 인내하지 못하고 있는 것을 발견할 때에, 그때 하나님께로 돌이켜서 겸손한 마음으로 그분 앞에 잠잠히 머무십시오. 당신이 실수했더라도 계속 나아가십시오. 당신의 교만은 실수하기를 싫어합니다. 당신의 실수로 인해 느끼는 슬픔과 당혹감은 오히려 도움이 될 것입니다. 언제나 하나님의 인도하심을 따르십시오. 그분께서 신호를 주실 때에는 그분을 따르기 위해 어떤 위험도 감수하십시오. 당신 안에 거하시는 하나님께 저항하는 것보다 더 끔찍한 것은 없습니다. 만일 당신이 성령님을 슬프게 해 드려서, 그분이 당신을 떠난다면 어떻게 되겠습니까? 하나님께서는 당신으로부터 자신의 임재를 거두어 가실 것이고 당신 나름대로의 길을 가도록 내버려두실 것입니다. 그리고 당신은 공회전을 반복하면서도, 그러한 사실조차 알아차리지 못할지도 모릅니다.

　하나님께서는 당신에게 단순함과 솔직함을 주셨습니다. 이러한 성품 위에 하나님께서 그분의 것을 쌓아가도록 하십시오.

Simplicity

단순함

단순함은 참으로 놀라운 미덕입니다. 단순함이란 지적으로 뒤쳐지거나 감정적으로 지체되는 것이 아니라 하나님 앞에서의 솔직함과 지체하지 않는 태도를 말합니다. 단순함은 정의하기는 어렵지만 "그리스도를 본받아"라는 책에서는 "어떻게 정의하는 지 알려하기 보다는 직접 실천해 보는 것이 낫다"라고 말하고 있습니다.

단순함은 모든 불필요한 행위들을 끊어 냅니다. 성실함과는 다른 것입니다. 많은 성실한 사람들이 단순하지는 않습니다. 그들은 그들이 느끼기에 진실인 것을 이야기합니다. 그러나 그들은 언제나 모든 것을 연구하고 각각의 말들을 비교, 검토해 봅니다.

사람들은 이러한 그들을 불편해 하고, 또한 그들도 사람들을 불편해 합니다. 자유롭고 쉽고 즉흥적인 것이 그들에게는 없습니다. 덜 훈련된 완벽하지 않은 사람이 엄격하고 율법주의적인 영혼의 소유자보다 더 낫습니다. 이것이 바로 우리가 바라보는 방식이며, 제가 생각하기에 하나님께서도 같은 방식으로 보고 계신다고 생각합니다.

세상 사람들은 서로에 대해 지나치게 몰두되어 있습니다. 그러나 자기 의로 가득한 종교적인 사람들은 자신에게 몰두되어 있습니다. 전자의 경우 외적인 것에 취해 있으며 후자의 경우 내적인 것에 취해 있습니다.

단순함은 이 둘 사이 중간에 있는 균형 잡힌 길을 가로질러 갑니다. 진실로 단순한 사람은 자신보다 하나님을 더 생각하기 시작합니다. 하나님께서는 당신이 근심이나 조건 없이 자연스럽게 그분을 바라보기 원하십니다. 하나님께 조금씩 항복해 가십시오. 그러면 단순함이 당신의 영혼 안에서 자라나게 될 것입니다.

당신의 안식하지 못하는 태도들은 다룸 받아야 합니다. 하나님을 섬기려고 하는 열심까지도 다룸 받아야 합니다. 저는 제가 제시하는 생각이 당신을 완전히 수동적으로 만들지 않고 당신을 침착하게 가라앉히는 데 도움을 주었으면 합니다. 당신의 과도한 열심은 당신이 하는 선한 일조차도 망쳐 놓을 수 있으며, 평온한 하나님의 영과의 관계가 틀어지게 합니다. 당신을 단순하게 해 주시도록 하나님께 요청하십시오.

옷을 어떻게 입어야 하는 가에 관한 것은 남편의 의견을 고려해야 합니다. 남편이 가정의 빚 때문에 옷 입는 데 많은 돈을 쓰기 원치 않는다면, 당신은 취향에 있어 좀 더 경제적이어야 합니다. 만약 멋지게 차려 입는 것을 원한다면, 합리적인 범위 내에서 그렇게 하십시오. 그가 별다른 취향이 없다면, 저는 당신이 절제된 옷을 입는 것을 권합니다. 당신은 극단으로 흐르는 경향이 있기 때문입니다. 화려하게 입는 것은 당신의 교만을 고무시킬 뿐입니다. 그러나 너무 보수적이고 얌전빼는 옷을 입는 것도 역시 당신의 종교적 교만을 부추길 수 있습니다. 평범하게 입는 것이 당신으로 하여금 평범하게 느끼도록 도와줄 것입니다. 당신이 수녀와 같은 옷을 자주 입는다고 들었습니다. 이것은 너무 눈에 띄고 비현실적입니다! 절제된 옷이 당신의 교만을 적당한 선에서 끝나도록 도와줄 것입니다.

The Foundation of Humility

겸손의 기초

하나님과 깊이 동행하는 모든 사람들은 겸손이 영적인 삶의 기초가 된다는 것을 압니다. 진정한 겸손은 당신 자신의 유익을 구하기 전에 하나님의 유익을 구하는 데서 옵니다. 겸손은 더 이상 당신 자신을 위하여 살지 않고, 예수님께서 당신 안에서 그분의 삶을 사시도록 내어드릴 때 찾아옵니다.

당신은 언제나 대단한 인물이 되거나 당신의 영성으로 주목받으려고 노력합니다. 겉으로 영적인 사람은 많이 있지만 그들은 내면적으로 여전히 자기 자신에 대해 지나치게 많은 생각을 합니다. 스스로가 낮아졌다고 생각하는 사람들은 사실 자만으로 가득 찬 사람들입니다. 그들은 스스로를 다른 이들의 수준으로 낮춰서 그들에게 호의를 베풀고 있다고 생각합니다.

진정한 겸손이란 이것과 다릅니다. 믿기 어려운 말로 들리겠지만 진실로 겸손한 사람들은 모든 상황에서 만족합니다.

그는 자신이 칭송 받고 있는지 혹은 비난받고 있는지 알지 못합니다. 남들이 말해준 것들, 자신에 대해 말해지는 것들, 그리고 그것이 과연 유익이 될 지에 대해 개의치 않습니다. 단순한 사람은 주 예수님께서 인도하시는 대로 따릅니다. 그러므로 용기를 가지고 나아가십시오. 하나님께서 당신을 높이 드시든지, 잘 알려지지 않은 채로 남겨두시든지, 여전히 모든 영광은 하나님의 것입니다. 마리아가 언급한 것처럼 말하십시오. "그분께서 나의 비천함을 아시고 위대한 일을 행하셨습니다."

Part III
하나님의 자유
The Peace of God

The Path of Faith

믿음의 길

앞날의 일들을 염려하지 마십시오 — 염려는 당신 안에서 일하시는 은혜의 사역을 소멸시켜버릴 것입니다. 하나님이 위로하실 때 그저 그것을 즐겁게 누리십시오. 그분을 끊임없이 바라보십시오. 광야에서 매일매일 만나를 받아먹던 이스라엘 백성들처럼 그저 그분의 공급하시는 것들을 즐겁게 누리십시오. 무언가를 쌓아 놓으려 애쓰지 마십시오. 믿음의 길에는 두 가지 독특한 특성이 있습니다. 믿음은 하나님을 보지 못하도록 가로막는 상황들 뒤에 계신 그 분을 분별해 냅니다. 믿음은 또한 불확실한 상황에서 당신을 견고하게 붙들어 줄 수 있습니다. 당신이 마치 공중에 떠 있고 땅위를 걷지 않는 것처럼 느낄 때가 얼마나 계속될 지 당신이 알게 되기를 바랍니다. 한 때에는 위로가 되었던 일들이 다음에는 전혀 쓸모없어지게 될 것입니다.

당신의 삶에서 역사 하시는 하나님께서 그분의 방법대로

일하시도록 그분께 맡기십시오. 그분께서 당신에게 요구하는 것들에 대해 그저 신실하게만 반응하시면 됩니다. 매 순간 그분만을 의지하기를 하나님은 원하십니다. 당신의 인생 행로의 어두움과 불확실함은 그분 안에서 누릴 수 있는 평화로운 안식으로 데려다 줄 것입니다. 그분을 신뢰한다는 것은 그분이 어디로 당신을 인도하는지 알 수 없을 때조차 그분을 신뢰하는 것이며 그것이 진정한 죽음입니다. 그것은 화려한 팡파르도 없이 그저 조용히 죽는 것입니다.

자신에 대해 죽는다는 것은 마치 천천히 꺼져 가는 불같은 느낌일 것입니다. 그 끝은 너무나 조용히 그리고 내면적으로 오는 것이기 때문에, 당신이 통과하는 과정이 무엇인지 아는 사람들로부터도 감추어져 있고, 또한 그와 마찬가지로 당신 자신으로부터도 감추어져 있습니다. 하나님이 당신으로부터 거두어 가시는 때에 그분은 언제 어떻게 그것들을 되돌려주어야 하실 지를 잘 알고 계십니다. 그래서 그분 자신이 돌려주시거나 다른 사람을 통해 되돌려 주십니다. 그분은 돌들로도 자녀들을 양육시키실 수 있습니다.

그러므로 내일에 대해 염려하지 말고 오늘의 일용할 양식을 드십시오 — "한날 괴로움은 그 날에 족하니라"(마 6:34). 내일 일은 내일 염려할 것입니다. 오늘 당신을 먹이시는 분이 내일도 먹이실 것입니다. 하나님의 자녀가 원하기도 전에, 하늘로부터 만나가 사막 가운데로 내려올 것입니다.

Remain at Peace

평강 안에 머무르십시오

당신이 노쇠하여 살수록 죽음에 대한 생각들이 점점 분명해져 가는 것은 너무나 당연한 일입니다. 나도 같은 경험을 합니다. 죽음에 대해 더 자주 생각하게 되는 나이가 있습니다 – 그것은 불가피하기까지 합니다. 하나님은 이때를 사용하셔서 당신의 연약함을 알게 하시고 용기도 부족한 것을 알게 하셔서 당신을 그분 손안에서 겸손한 자로 보존하십니다.

통제력을 잃은 채 달려가는 상상력만큼 우리를 겸손케 하는 것은 없습니다. 일단 상상력이 돌아가기 시작하면 하나님에 대한 확신을 갖기가 매우 어려워지게 됩니다. 수치심의 호된 시련 가운데, 연약하다는 느낌과 무가치하다는 느낌이 당신의 심령을 정화시킵니다. 하나님이 보시기에 의로운 인생은 아무도 없습니다.(시 143:2b)

끊임없이 겸손한 마음으로 하나님과 동행하십시오. 당신

에게 고칠 점이 발견되면, 그것을 율법주의적으로 보지 마시고, 그저 단순한 마음으로 수정하십시오.

평온한 마음을 유지하십시오. 자기 사랑의 목소리에 귀 기울이거나 옛 자아의 본성의 절박한 운명을 슬퍼하지 마십시오. 불평하지 마시고 당신 자신을 하나님께 희생 제물로 드리십시오. 성자 암브로스는 그의 임종 시에 하나님의 심판을 두려워하는지에 대해 질문을 받았습니다. "그 분은 우리의 선한 주인이십니다."라고 말한 그의 대답을 당신 마음에 간직하십시오.

당신 자신이나 당신의 성품에 대해서 하나님이 아시는 것처럼 알 수 없다는 그런 깊은 불확실함이 당신 가운데 있습니다. 그러나 그 불확실함 가운데서도 당신은 죽어 가야 합니다. 이것을 당신은 알고 계신가요? 하나님 앞에 서기전에는 그분이 무엇이라고 말씀하실 지 정확히 알 수 없습니다. 하나님께 드릴 것이라고는 당신의 비참함과 그분의 자비하심 밖에 없다는 것을 어거스틴은 말한 바 있습니다. 당신의 비참함이야말로 바로 그분의 자비의 대상인 것입니다. 당신이 가장 비통한 그 시간에 하나님을 향한 확신을 강화시킬 수 있는 글은 무엇이든 읽으십시오. 의심할 바 없이 당신의 실패들 위에 하나님은 그 분의 긍휼하심을 쏟아 부으실 것입니다.

Inward Peace

내적 평안

내적 평안을 발견하시기 바랍니다. 내적 평안은 겸손한 마음 없이는 찾을 수 없습니다. 겸손한 심령은 인위적으로 만들어 낼 수 있는 것이 아닙니다. 온유한 마음은 당신이 경험하는 순간순간마다 하나님이 주시는 선물입니다. 사람들이 당신을 거절하거나 반대할 때, 내면의 유혹과 연약함을 느끼게 되는 바로 그때가 당신이 진정 겸손한 마음을 체험하게 되는 가장 완벽한 시간입니다. 이 두 가지 시련들에 익숙해지도록 힘쓰십시오. 이 시련들은 우리 삶의 한 부분이기 때문입니다.

누군가가 당신의 잘못된 점을 교정해 주어야 하는데 당신은 고침 받기를 원하지 않고, 그 상태를 기이하게 여기지 않는 바로 그때, 겸손함을 향해 나아가야 합니다. 당신은 그 교정이 마땅히 옳다는 것을 알면서도, 잘못을 교정할 능력도 의지도 없음을 깨닫게 될 것입니다. 이런 것을 깨닫게 되는 순간, 당신은 절망하거나 낙담하게 되는데 그것은 하나님의 도우심을 기대하지 않기 때문입니다.

때때로 꾸지람들, 심지어 가혹한 꾸지람들조차 당신에게 부족한 것 같고, 더 큰 책망을 받아야 할 것 같은 때도 있습니다. 그리고 그 꾸지람들을 기꺼이 수용하지 않을 때, 당신은 당신 자신을 지나치게 과민하다고 자책할 수도 있습니다. 그러나 그 과민함으로 인해 알게 되는 것은 당신 안에 자아에 대해 죽지 않은 어떤 것이 아직도 살아남아 있다는 사실입니다.

만일 당신에 대해 지나치게 가혹한 말을 하고 있다면 용서하시기 바랍니다. 그러나 당신을 사랑하는 나의 마음을 의심하지는 마십시오. 당신에게 말씀드리는 모든 것을 가치 없는 것으로 치부하지 마십시오. 저의 서투른 말들을 사용하시어 당신을 고통스럽게 하시는 하나님의 손길을 보시기 바랍니다. 당신이 느끼는 그 고통은, 당신의 아픈 상처가 건드려졌다는 것을 말합니다. 하나님께 그리고 그분의 만지심에 당신을 맡기십시오. 그리하면 그분 안에서 곧 쉼을 얻게 될 것입니다. 이 권면을 다른 사람들에게도 전하십시오. 물론 당신 자신도 받아들이십시오. 하나님이 당신을 겸손하게 하시려고 또 당신 자신으로부터 끊어내시려고 사용하시는 모든 상황들을 끌어안을 때 당신에게 부어질 은혜는 정말 놀라울 것입니다. 하나님이 당신을 위축시키고 위축시키셔서 더 이상 찾아볼 수 없게 만드시기를 기도합니다.

Live in Life

생명 안에 사십시오

당신이 평화롭고 단순하게 사는 것을 보는 것만큼 저를 행복하게 하는 것은 없습니다. 그것은 마치 낙원과 같지 않으십니까? 당신에게는 어떤 큰 즐거운 일도 없고, 오히려 고통이 있음을 저는 알고 있습니다. 당신이 즐거운 일을 필요로 하지도 않으며 고통들을 감사한 마음으로 받아들이고 있다는 것을 하나님께 감사드립니다.

자기 사랑을 완전히 포기하는 데서 자라나는 내면의 조화는 이 세상의 어떤 희열보다 더 큰 기쁨을 우리에게 가져다 줍니다. 이 땅에서 낙원의 삶을 누리십시오. 행여 선과 악을 체험하기 위해 그 낙원을 넘겨주라는 선악과의 유혹에 빠져들지 마십시오.

유일하시며 신실하신 친구, 그분의 임재 안에 있는 동안 당신은 결코 홀로일 수 없습니다. 그분의 전능하신 팔이 당신을 안고 있는 동안, 당신은 어떤 일이 있어도 버림받지 않습니다. 모든 위로는 하나님으로부터 흘러나오며 그분이 사용하시는 어떤 경로로도 그 위로는 가감되지 않습니다. 그리고 만일 이러한 위로가 당신 자신의 마음으로부터 솟아 나온다면, 당신은 피조물인 어떤 사람도 필요로 하지 않게 됩니다. 당신 자신의 영혼으로 하나님의 음성을 들을 수 있을 때에는 구약 선지자의 음성이 끊어져 버리게 되었다 해도 그것을 낙담하지 않을 것입니다.

True Peace

진정한 평안

당신은 완벽하기를 원합니다. 그런데 그것이 평안을 찾아낼 수 있는 유일한 길일까요? 진정한 평안은 당신 자신의 결점들 — 결코 감출 수도 없고 너그럽게 허용될 수도 없는 — 을 알게 되고 당신이 옳지 않음을 온전히 승복하게 될 때 찾아오게 됩니다. 이럴 때 비로소 당신이 얼마나 부서지기 쉽고 연약한 존재인지 배우게 될 것입니다. 당신 자신을 신뢰할 수 없다는 단지 그 이유 때문에 하나님을 신뢰하는 쪽으로 전진해 가게 될 것입니다.

이기적인 마음을 물리칠 때만 하나님이 주시는 평안을 발견할 수 있습니다. 하나님의 영광과 그 분의 뜻만이 당신의 갈망하는 바가 될 때, 대양(ocean)과 같은 깊은 평안을 알게 될 것입니다. 당신의 심령이 부분적으로 두려움에 빠져 물러나지 않는 한, 세상 어느 것도 그 평안을 방해할 수 없습니다. 우물쭈물 우유부단한 태도, 확고하지 못한 의지는 모든 문제들의 원인이 됩니다. 당신의 마음은 당신이 어떤 범위 내에서만 맴돌도록 할 것입니다.

당신의 결점을 다루시기 위해서 하나님께서는 당신 자신을 희생 제물로 드릴 것을 요구하시기 때문에, 다른 사람들의 잘못보다 당신의 잘못이 당신을 더 많이 괴롭힐 수 있습니다. 하나님이 비추시는 그 조명에 신실하십시오. 당신이 지난날 지나치게 율법적이었던 세월을 보냈다면 당신이 조심하시 않을 경우 당신의 비현실적인 기준들, 율법주의적인 기준들은 당신을 압도해 버릴 것입니다. 하나님이 보여주시는 것만큼만 행하십시오. 그 이상 앞서 가지 마십시오.

가능한 모든 노력을 다해, 계속되는 질문을 통한 의심이 자신 안에 일어나지 않도록 하십시오. 정말로 의심이 일어날 때에는 그것을 가지고 하나님 앞으로 나아가십시오. 하나님이 당신에게 요구하시는 것이 있으면 순종하십시오. 그분이 당신에게 요구하시려는 것을 보여주시면 그것에 고민하기보다는 그 깨달음을 통해서 그 분께 드릴 희생제물을 준비하십시오. 평안함 속에 그 분을 따르고, 마음에 일어나는 논쟁적인 생각들을 무시하십시오. 당신 자신을 하나님께 맡겨 드리고, 최선을 다하십시오.

하나님의 뜻 외에는 당신에게 아무것도 중요하지 않게 되는 그 순간이 되면 모든 장애물들이 제거되어 있다는 사실을 알게 될 것입니다. 세상적인 생각들을 버리면 많은 슬픔으로부터 자유롭게 될 것입니다.

ward Silence

내적 침묵

하나님은 당신의 신성한 친구가 되시는 분입니다. 그래서 항상 상담해 주시고 당신의 필요를 도우실 것입니다. 그분께 저항하지 마세요! 그 분이 당신에게 말씀하시는 것 중에 한마디 말도 놓치지 않도록 잠잠히 그 분께 귀 기울이는 법을 배우십시오. 외적 침묵에 대해서는 잘 알고 계시겠지만 내적 침묵에 대해서는 거의 모르실 것입니다. 쉴 새 없이 계속되는 상상을 잠잠하게 하는 것을 연습해야합니다. 당신의 새로워지지 않은 지성이나 그것이 만들어 내는 논리에 귀 기울이는 것을 그치십시오! 하나님께 나아가는 것에 익숙해지십시오. 그리고 당신이 드리기에 두려워하는 것을 그 분이 요구하실 때 그분께 도움을 요청하는 일에 익숙해지십시오.

가장 작은 일에조차 당신이 민감하다는 사실은 당신으로부터 세상일들을 떼어내는데 얼마나 하나님의 도움이 많이 필요한 지를 말해주고 있습니다. 당신이 가진 모든 유치한 태도를 주님께 올려 드리기 시작하고, 인생의 조그만 문제들까지 그분이 다루시도록 허락해 드릴 때, 당신은 큰 진보를 이루고 계신 것입니다. 당신의 영성을 나타내 보이려고 할 필요가 없습니다. — 그전에 단순히 당신의 일상생활 가운데 그분이 일하실 수 있도록 의뢰하십시오. 매일 매일의 삶 가운데서 당신 자신에 대해 죽는 것입니다. — 영적인 사람이 되려고 사막 광야나, 높은 산을 찾아 나갈 필요는 없습니다. 하나님이 당신에게 원하시는 것은 오직 그분께서 지시하시는 것을 그분께 드리는 것입니다. 이것을 이루기 위해 당신은 근신하며 기도하셔야 합니다. 당신의 허영심이나, 호기심이나, 게으른 본성에 대한 신뢰가 아니라 하나님에 대한 신뢰를 수련해 나가십시오.

See God In All Things

모든 것 안에 계신 하나님을 보십시오

하나님 안에서 그리고 그분을 위해 다른 이들을 사랑하십시오. 당신은 자주 다른 사람 안에 비추어진 당신 모습을 사랑하는데, 이것이 하나님의 사랑인가요? 아닙니다. 그것은 자기 사랑입니다. 진정한 우정이 아닙니다. 그들 안에 있는 하나님을 사랑하십시오. 하나님이 그들 안에 맡겨놓으신 것을 사랑하십시오. 친구들이 당신을 위해 해줄 수 있는 것들 때문에 친구를 사랑한다면, 당신은 곧 성급하고 질투하고 의심으로 가득 찬 사람이 될 것입니다. 당신은 완벽함을 기대하지만 결국 실망만을 겪게 될 것입니다.

그러나 당신 안에 하나님의 사랑은 인내심을 가지고 사랑하는 방법을 알 수 있게 하고 사람들의 결점을 찾으려하지 않게 될 것입니다. 당신 안에 있는 하나님의 사랑은 친구 안에 있는 하나님의 것들에 감사할 줄 아는 당신이 되게 할 것입니다. 친구의 부족한 한 점에 대해서 인내심 있는 사람이 될 것입니다. 선한 것들은 모두 하나님께로부터 옵니다. 당신 삶 안에서 그분의 계획에 순복하십시오. 그리고 그 분이 자비와 사랑으로 베푸시는 것들을 기뻐하십시오.

하나님의 사랑은, 그 분 밖에서 당신이 완벽해지는 것을 결코 기대하지 않으십니다. 하나님 그 분만이 홀로 온전하십니다. 다른 사람들 안에서 일하시는 그 분을 볼 수 있도록 그리고 그것을 감사할 수 있도록 배우십시오. 하나님의 사랑이 부모가 아이를 향해 가지는 사랑 안에서 반영되어 나타나는 것을 보십시오. 당신은 모든 인간관계에서 하나님이 우리를 얼마나 사랑하시는 지를 배우게 하는 무엇인가를 발견할 수 있습니다. 하나님은 결혼에 대해서 엄격하십니다. 이것은 부부간의 사랑의 힘과 친밀함을 보존하시기 위해서인데 결혼이 하나님과 당신의 관계를 보여주는 중요한 상징이 되기 때문입니다.

하나님을 사랑하면서도 그 분이 사랑하라고 하신 것들을 사랑하지 않을 수 있습니까? 하나님께 순종하기 위해서 꼭 필요한 그 사랑을, 하나님이 공급하지 않으실 수 있습니까? 당신 안에 있는 그 분의 사랑은 다른 사람을 위해 모든 것을 견딜 수 있게 하며, 모든 것을 참을 수 있게 하며, 모든 것을 바랄 수 있게 합니다. 하나님의 사랑이 심령 안에서부터 흘러나올 때, 그것은 그 어떤 장애물들도 정복해 낼 수 있습니다.

사랑은 다른 이들의 슬픔에 대해서는 긍휼히 여기는 마음으로 감동되어지지만, 그러나 당신 자신에 대해서는 어떤 것도 생각하지 않도록 합니다. 하나님의 사랑은 가장 적절한 때에 모든 사람을 위로하고, 그들을 위해 눈물 흘리고, 기뻐하고 격려합니다. 당신의 가슴이 — 냉담하고 억지로 흉내 낸 그런 것이 아닌 — 순수한 사랑으로 넘쳐흐르도록 하십시오.

당신 안에 있는 하나님이 당신의 영 안에서부터 생겨나게 하는 것을 배우십시오. 단지 자신만을 사랑하는 사람보다 더 메마르고, 더 냉담하지 않습니다. 이 세상의 그 어느 것도 하나님의 사랑이 사람의 마음속에 만들어내는 그 부드럽고, 사랑스러운 온화함에 비교될 수 있는 것이 없습니다.

Say Yes To God

하나님께 "예"로 대답 하십시오

온전해진다는 것은 당신이 생각하는 것처럼 그렇게 지루하고 엄격한 것이 아닙니다. 단지 요구되는 것은 당신 마음 깊은 곳으로부터 하나님께 온전히 헌신하기로 마음먹는 것입니다. 당신 자신을 그 분께 전적으로 맡길 때, 그 분을 위해 하는 모든 것들은 아주 쉬워집니다. 온전히 하나님의 것이 된 사람들은 그분이 원하는 것만을 원하기 때문에 언제나 만족한 심령이 됩니다. 하나님을 기쁘시게 하지 않는 것들을 포기하는 데에서, 당신이 수백 배나 더 기뻐하고 있는 것을 발견하게 될 것입니다. 당신은 깨끗한 양심과, 자유로운 심령과 하나님께 순복하는 그 달콤함과 그 빛을 보는 기쁨이 당신의 영 안에서 자라나는 것을 알게 될 것입니다. 이 위에 더하여서 당신은 공포의 거친 독재로부터 그리고 세상의 사악한 욕망으로부터 해방될 것입니다.

당신이 어떤 것을 포기하는 일이 있을지라도, 그것은 당신을 가장 사랑하고 계시는 하나님을 위한 것이 될 것입니다. 고통을 겪게 되는 경우가 있을지라도, 당신은 그 내면 깊은 곳으로부터 지지와 격려를 받게 될 것입니다. 그리고 당신이 하나님의 형상과 닮게 만드는 데 필요한 하나님의 모든 행하심에 대하여 당신은 계속적으로 "예"라고 대답하게 될 것입니다.

하나님은 당신의 두 가지 의지 중에 한 가지만 원하십니다. 그 분 손안에서 부드럽게 순응하는 사람이 되십시오. 당신의 의지를 그 분께 포기해 드리기를 두려워하십니까? "자비의 아버지, 모든 위로의 하나님"되시는 그 분 팔에 당신 자신을 맡길 때, 당신은 정말로 크나큰 축복을 누리게 될 것입니다. 하나님께 당신을 완전히 맡기기를 두려워하는 것이 얼마나 큰 실수인지요. 그것은 마치 정말로 행복해지기를 두려워함과 같고, 하나님 사랑 안에 있는 너무나 큰 위로를 두려워하는 것과 같고, 용감하게 십자가를 지고 가는 삶을 두려워함과 같을 뿐입니다!

당신이 하나님께 온전히 속하도록 하기 위해 세상일들을 떠나보내십시오. 모든 것을 완전히 포기해야 할 필요까지는 없습니다. 당신이 이미 하나님 앞에서, 훈련으로 균형을 잃지 않는 그러한 삶을 살고 있다면, 당신에게 필요한 유일한 것은 당신 내면으로부터 그분의 사랑이 당신에게 지시하시고 움직이게 하시는 것입니다.

  당신이 회심한 이후에도, 당신 뜻과는 달리 삶의 처지가 달라지지 않을 수도 있습니다! 그래도 하나님이 있도록 하신 그 곳에서 그 분을 섬기십시오. 그리하면 자만심이나 걱정에 사로잡히지 않고, 자유와 용기와 소망으로 살아가게 될 것입니다. 그리고 당신이 하나님을 신뢰할 수 있다는 것을 발견하게 될 것이며, 현재의 고난들을 더 쉽게 견디어 내면서 영원을 바라보게 될 것입니다. 이 땅에서의 행복이 당신으로부터 빠져나갈 때, 하나님의 사랑은 당신에게 날개를 달아주시고 그 어떤 시련이나 염려 근심을 뛰어넘어 그 분의 품안으로 날아갈 수 있도록 하여 주실 것입니다.

Absolute Surrender

절대적인 항복

내면의 평안은 전적으로 하나님의 뜻에 항복하기로 하는 데서 옵니다. 모든 것을 그분께 맡기고 이웃과 인내하며 지내는 데서 오는 영혼의 단순한 고요함으로 나아갈 필요가 있습니다. 겸손하고 솔직하게 조언을 받아들이는 것을 배우십시오. 이것이 하나님을 향해 더 가까이 자라갈 수 있도록 당신을 도울 것입니다.

당신 마음이 심하게 요동하는 느낌을 갖게 되는 까닭은 일어나는 모든 일들에 있어서 하나님을 온전히 신뢰함으로 수용하지 않기 때문입니다. 모든 일들을 그 분 손에 맡기고 당신 자신을 그분께 희생 제물로 드리십시오. 일들이 당신 뜻대로 되도록 원하는 것을 그만 두는 순간 당신은 그 많은 염려 근심으로부터 자유하게 될 것입니다. 그 어느 것을 숨길 필요도 없고, 변명할 필요도 없게 될 것입니다.

이러한 항복의 경지에 이를 때까지 당신의 삶은 고난과 괴로움으로 가득 차게 될 것입니다. 당신의 재능들이 당신을 괴롭히고 당신의 종교적 이상이 당신을 정죄하게 될 것입니다. 그러므로 당신의 마음을 하나님께 전적으로 드리십시오. 그러면 성령님 안에서 평안과 기쁨을 발견하게 될 것입니다.

Prayer Of Surrender

항복의 기도

나의 하나님, 당신께 제 자신을 드리기를 원합니다. 이 일을 위한 용기를 저에게 주십시오. 저의 영혼이 당신을 그리워하며 찾습니다. 저의 의지를 굳건하게 하시고 저를 취하여 주십시오. 당신께 모든 것을 드릴 수 있는 힘이 저에게 부족하다면 부드러운 당신의 사랑으로 저를 이끌어 주십시오. 주님! 제가 당신께 속해 있지 않다면 누구에게 속하겠습니까? 제가 제 자신에게 속해 있다면, 그리고 제 자신의 열정에 속해 있다면 그것은 얼마나 두려운 일인가요. 저의 모든 행복을 당신 안에서 발견할 수 있도록 도와주세요. 왜냐하면 당신을 떠나서는 그 어떤 행복도 찾을 수 없기 때문입니다.

왜 저를 묶고 있는 이 사슬을 부수고 나오는 것을 두려워하고 있는 것일까요? 이 세상의 일들이 당신보다 더 소중하게 생각되고 있나요? 당신께 제 자신을 드리는 것을 두려워하고 있나요? 얼마나 큰 실수입니까! 당신께 제 자신을 드리는 것조차 제가 아니요, 당신 자신을 저에게 주시는 바로 당신이 하시는 일입니다. 저 심장을 취하십시오.

　당신과 함께 있는 것, 잠잠히 있어 당신의 음성을 듣는 것이 얼마나 큰 기쁨이 되는지요! 당신의 깊은 곳으로부터 저를 채워주시고 저를 가르쳐 주십시오. 오, 하나님! 당신만이 제가 당신을 사랑할 수 있도록 하실 수 있습니다. 당신께 모든 것을 드리고 그리고 당신께 가까이 나아가는 것을 제가 왜 두려워해야 하나요? 이것보다 세상에 남겨지는 것이 더 무서운 일입니다! 당신의 자비하심은 그 어떤 장애물보다 더 크십니다. 저는 당신에게 하잘 것 없는 존재이지만 당신의 은혜로 경이로운 존재가 될 수 있습니다.

One Thing Needed

단 한가지 필요한 것

하나님을 거스르는 평안함이란 절대 있을 수 없습니다. "마르다야, 마르다야 네가 많은 일로 염려하고 근심하나 한 가지만으로도 족하니라."(눅10:41-42) 그 한 가지 일이란 어린 아이처럼 하나님을 온전히 신뢰하는 것입니다. 일이 생기면 당신은 마음이 혼란에 빠집니다. 당신은 너무 쉽게 하나님을 신뢰하는 마음에서 멀어지게 됩니다. 하나님이 통제 불가능한 분이라고 생각하십니까? 하나님은 당신을 위해 염려해 주시지 않는 분으로 생각하십니까? 꼭 붙잡고 놓지 않는 것이 적어질수록, 당신은 더 행복해질 것입니다. 사상들과 논리에 집착하는 마음은 당신을 힘들게 할 것입니다. 지난날 하나님께 대한 옛사람의 태도를 볼 수 없다면 당신은 많은 혼란을 겪게 될 것입니다.

하나님께서 당신을 사랑하신다는 것을 아십시오. 길 잃은 어린양을 찾아 피곤하기까지 찾고 찾으시는 목자처럼 주님은 달리십니다. 주님 자신이 하나님께 죽기까지 순종하셨습니다. 하나님의 손안에서 안식하십시오.

미래는 주님의 것입니다. 현재의 순간 속에서 주님과 함께 사십시오. 매일 매일의 삶을 주님의 임재 안에 살아가십시오. 주님께서 필요한 모든 것을 채워주실 것입니다.

You Are Made For God

당신은 하나님을 위해 창조 되었습니다

만물이 하나님을 위한 것이요, 그분의 목적을 위해 존재합니다. 물론 그분은 당신이 행복하기를 원하시지만, 그것이 그분의 최상의 목적은 아닙니다. 하나님의 영광과 그분의 목적이 만물의 궁극적인 지향점입니다. 그러므로 하나님의 영원한 목적을 찾으십시오. 그리고 그 목적에 조화를 이루십시오. 그곳에서 당신은 행복과 구원을 발견하시게 될 것입니다. 그러나 그 자체가 궁극적인 목표는 아닙니다. 모든 것은 하나님을 위해 존재합니다.

많은 사람들이 만물이 하나님을 위해 존재하는 것이요, 스스로를 위한 것이 아니라고 생각조차 못합니다만, 이것이 바로 가장 높은 소명입니다. 당신은 당신 자신의 이익만을 위해 살아가기를 원하기 때문에 이 소명에 귀 기울이거나 이해하기는 대단히 어렵습니다. 그리고 현대인에게 하나님께서 그의 최종 목적이며 생명이 있는 모든 것이 하나님을 향해서 하나님을 위하여 존재한다는 것을 믿도록 하는 것은 어려운 일입니다. 그렇다고 위의 사실이 당신이 하나님 안에서 당신 자신과 당신의 자유를 누릴 수 없다는 것을 의미하지는 않습니다. 다른 어떤 피조물 보다 당신이 더욱 하나님의 목적하시는 것들을 다 성취할 수 있도록 원하지 않으면 안됩니다. 당신은 하나님께 속하여 있고 하나님을 위해 창조되었습니다. 당신의 자연적 본능은 자신의 생명을 보호하고, 자신을 돌보라고 말합니다. 이것이 잘못된 것은 아닙니다. 그러나 당신은 하나님의 영광을 위해서만 살아가려는 본능, 영혼 깊은 곳에 있는 더 깊은 본능으로 살아갈 수 있습니다.

어떤 사람들은 하나님의 선하심 때문에, 하나님께서 손을 뻗어 구원하시기 때문에 그분을 사랑합니다. 그러나 하나님께서 당신을 구원하시려고 손을 뻗지 않으실 찌라도(실제로는 있을 수 없는 일이지만) 하나님을 향한 사랑을 경험하실 수 있습니다. 하나님께서 당신을 위해 무엇을 베풀어주시기 때문에 그분을 사랑하는 것이 아니라, 단지 그분의 존재하신다는 그 자체로 당신은 하나님을 사랑할 수 있습니다. 그 차이가 보이십니까? 하나님이 당신을 구원하셨다는 사실을 기뻐하는 것이 잘못되었다는 것이 아니라, 단순히 거기에 안주하지 않는 것이 더 좋다는 것이요, 하나님께서 당신을 구속하실 때 목적하신 그것을 위해 살아가는 것이 더 좋다는 것입니다.

　이러한 종류의 사랑이 불가능하다고 생각하신다면, 제가 두 가지를 말씀드리겠습니다. 첫 번째로, 하나님께는 불가능한 일은 없습니다. 당신은 모든 세대에서 일어난 저 가장 위대한 그리스도인들을, 그들의 삶이 단지 환상이었을 뿐이라고 비난하시겠습니까? 단지 당신이 그들의 높은 기준을 도저히 따르지 못하겠다는 이유로 말입니다.

　둘째로, 영원한 생명은 하나님께서 은혜로 주신 신물입니다. 그 영원한 생명을 주셔야 하는 것이 그분의 의무가 아님에도 불구하고, 하나님께서는 그분의 아들을 당신에게 주셔서 영생을 유업으로 받게 하셨습니다. 예를 들어서 만일 그분이 저에게 영생을 주시지 않기로 결정하셨다 하더라도, 육신적 죽음의 순간이 찾아와 망각의 세계로 사라진다 하더라도, 여전히 하나님과 그분의 목적은 변하지 않은 것입니다. 그렇지 않은가요? 그분은 나의 창조자 되시며, 그분이 원하시는 것을 자유롭게 저에게 하실 수 있으십니다. 여전히 하나님은 하나님이십니다. 그분의 성품은 여전히 동일하십니다. 그분의 목적은 불변한 그대로입니다. 단지 이런 이유로 그분을 사랑해서는 안 되는 것입니까?

　그러나 하나님께서는 당신을 그분의 영원한 소유로 예비하셨습니다. 감히 그분을 너무 지나치게 사랑한다고 말할 수 있습니까? 그분이 저에게 어떤 것을 행하시는가에 상관없이 저는 여전히 그분을 사랑할 것입니다. 그분께서 당신을 더 사랑하시는 때에, 감히 당신은 그분을 덜 사랑하시겠습니까? 상급이 지체된다고 더 이기적으로 변하시겠습니까? 하나님 그분 자신이 아니라 영생이 당신의 목표입니까? 그것이 사실이라면, 당신의 사랑은 정말로 연약한 사랑입니다.

Knowing God

하나님을 아는 것

대부분의 사람들이 하나님을 진정으로는 알지 못합니다. 그들이 읽은 것, 들은 것을 통해 알기는 하지만, 그것은 영적인 경험이 결여된 지식적인 앎에 불과합니다. 우리 중 대부분이 하나님께서 존재하신다는 말을 듣고 자랐지만, 우리가 얼마나 그것을 믿고 있는지는 장담할 수 없습니다. 우리는 하나님을 믿고 있는 것처럼 행동하지를 않습니다. 그리고 하나님을 믿고 있는 사람조차도 대인관계에서 사랑보다는 두려움에 기초해서 다른 사람들과 관계를 맺습니다.

얼마나 많은 사람들이 하나님 그분 자신을 목적으로 그분을 사랑할까요? 비록 소수의 사람일 찌라도 이러한 사람들이 언제나 있기를 기도합니다. 우리 모두는 하나님을 위하여 만들어졌습니다. 그런데도 사람들에게 내적으로 하나님을 찾으라고 말하면, 그 말은 마치 지구를 떠나 다른 행성으로 가라는 말처럼 들립니다. 당신 자신의 마음의 깊은 곳보다 더 멀고 알려지지 않은 곳이 어디 있을까요?

오, 하나님, 우리는 당신을 잘 이해하지 못합니다. 우리가 당신을 통해 존재한다는 것을 알지를 못합니다. 어디에서든지 당신을 볼 수 있도록 도와주십시오. 당신은 기이한 것들을 허락하셨습니다. 거의 온전히 헌신된 사람들의 마음에도 선과 악이 혼재되도록 허락하셨습니다. 이러한 연약한 점들이 우리를 겸손하도록 지켜주고, 당신께 끊임없이 가까이 나아가도록 해 줍니다. 그러므로 주님의 선하심에 대해 마음속에 일어나는 모든 의문들을 멸하여 주십시오. 주님 앞에 잠잠히 머물러 있게 해 주십시오. 그럴 때 저는 주님을 알아가기 시작할 것입니다. 그 어떤 것도 주님을 압박하여 그분의 원수를 짓밟으시도록 할 수 없습니다. 어거스틴은 말했습니다. "당신은 영원하신 분이시기에 인내하심이 크십니다." 오 하나님, 제 안에 계신 당신 자신을 사랑하십시오. 제가 당신을 더 사랑할수록, 당신은 집요하고 가차 없는 사랑으로 저를 더욱더 추적하십니다. 오, 하나님, 당신을 경배합니다. 당신은 저를 당신만을 위해서 만드셨습니다. 저는 당신을 위해 존재합니다.

Love God Wholeheartedly

진심으로 하나님을 사랑하십시오

평강 안에 머무십시오. 하나님께 헌신하려는 마음이나 그분을 섬기려는 열정은 당신 자신의 능력에 달린 것이 아닙니다. 당신이 온전히 조절할 수 있는 것은 단지 당신의 의지뿐입니다. 당신의 의지를 조건 없이 하나님께 드리십시오. 중요한 것은 "그리스도인임을 즐기고 있는가?"라는 질문보다 오히려 "하나님께서 원하시는 것을 나도 원하고 있는가?"라는 질문입니다. 당신의 부족함을 시인하십시오. 세상의 것들에 너무 집착하지 마십시오. 하나님을 신뢰하십시오. 당신 자신보다 그분을 더 사랑하십시오. 당신의 생명보다 그분의 영광을 사랑하십시오. 이런 것들을 소원하지 않는다면, 소원할 수 있도록 해달라고 하나님께 요청하십시오. 하나님께서 사랑으로 당신에게 오셔서, 당신의 마음속에 그분의 평화를 허락하실 것입니다.

지 은 이 프랑소와 페늘롱
옮 긴 이 김영준

초판인쇄 2005년 3월 1일
8쇄 발행 2024년 12월 31일

펴 낸 이 허 철
펴 낸 곳 도서출판 순전한나드
등록번호 제2010-000128
주　　소 서울 강남구 언주로69길 16(역삼동) 2층
도서문의 02)574-6702
　　　　 Fax 02)574-9704
홈페이지 www.purenard.co.kr

ISBN　978-89-91455-04-7　03230